Herrndorf | Tschick

Lektüreschlüssel XL

für Schülerinnen und Schüler

Wolfgang Herrndorf

# Tschick

Von Eva-Maria Scholz

Reclam

Dieser Lektüreschlüssel bezieht sich auf folgende Textausgabe: Wolfgang Herrndorf: *Tschick*. Reinbek bei Hamburg: Rowohlt Taschenbuch Verlag, [59]2017.



Lektüreschlüssel XL | Nr. 15478
2018 Philipp Reclam jun. Verlag GmbH,
Siemensstraße 32, 71254 Ditzingen
info@reclam.de
Druck und Bindung: Elanders Waiblingen GmbH,
Anton-Schmidt-Straße 15, 71332 Waiblingen
Printed in Germany 2025
RECLAM ist eine eingetragene Marke
der Philipp Reclam jun. GmbH & Co. KG, Stuttgart
ISBN 978-3-15-015478-6
reclam.de

# Inhalt

# 1. Schnelleinstieg

| | |
|---|---|
| Autor | Wolfgang Herrndorf, 1965 in Hamburg geboren, 2013 in Berlin gestorben, deutscher Schriftsteller, Maler und Illustrator |
| Erscheinungsjahr | 2010 |
| Gattung | Roman |
| Handlung | Zwei vierzehnjährige Jungs, beide Außenseiter. Da die Sommerferien weder für den schüchternen, als Langweiler geltenden Maik, dessen Eltern ihn alleine zu Hause zurücklassen, noch für den gern auch mal betrunken im Unterricht erscheinenden Tschick, einen russischen Spätaussiedler, viel verheißen, machen sich die beiden kurzerhand in einem geklauten Lada auf den Weg gen Walachei. Heraus kommt ein erlebnisreicher Roadtrip durch die ostdeutsche Provinz. |
| Zeit | 2010; die Handlung umfasst den Zeitraum zwischen dem Ende der Oster- und den ersten Schultagen nach den Sommerferien, in seinen Rückblicken geht Maik allerdings weit in seine Kindheit zurück. |
| Ort | Berlin, ostdeutsche Provinz |

Die Idee zu *Tschick*

Aktualisierung der Kindheitslektüre

Bevor im Jahr 2010 der Roman *Tschick* erschien, hatte Wolfgang Herrndorf (1965–2013) erst zwei literarische Werke veröffentlicht: Seinen Debütroman *In Plüschgewittern*, der der Berliner Popliteratur zugerechnet wird, und *Diesseits des Van-Allen*-Gürtels, einen Erzählband mit Kurzgeschichten. In seinen seltenen Interviews wurde Herrndorf gefragt, wie die Idee entstanden sei, nun ein Jugendbuch zu schreiben. Es waren die Lieblingsbücher seiner Kindheit, *Huckleberry Finn*, *Herr der Fliegen* und *Arthur Gordon Pym*, die ihn dazu inspiriert haben: »[D]abei [beim erneuten Lesen] habe ich festgestellt, dass alle Lieblingsbücher drei Gemeinsamkeiten hatten: schnelle Eliminierung [Auslöschung] der erwachsenen Bezugspersonen, große Reise, großes Wasser.«[1] Die Überlegung, wie sich diese Grundelemente aufgreifen und in einem Jugendroman aktualisiert umsetzen lassen könnten, führte zu *Tschick*. Die Arbeit am Stoff schloss Herrndorf allerdings erst sechs Jahre nach diesem Einfall ab. Das Fehlen der dritten Zutat, des Wassers, erschien Herrndorf nötig, um den Anschluss an das Hier und Jetzt zu finden. »Mit dem Floß die Elbe runter schien mir lächerlich; in der Bundesrepublik des einundzwanzigsten Jahrhunderts als Ausreißer auf

1 Wolfgang Herrndorf im Gespräch mit Kathrin Passig: »Wann hat es ›Tschick‹ gemacht, Herr Herrndorf?«, in: *Frankfurter Allgemeine Zeitung*, 31. 1. 2011. (www.faz.net/aktuell/feuilleton/buecher/autoren/im-gespraech-wolfgang-herrndorf-wann-hat-es-tschick-gemacht-herr-herrndorf-1576165.html, Stand: 2. 2. 2018)

einem Schiff anheuern: Quark.«[2] Stattdessen verwendete er ein gestohlenes Auto, das den beiden Protagonisten die Fahrt ins große Abenteuer ermöglichte und Herrndorf auf die Bestsellerliste steuerte.

*Tschick* ist die Geschichte zweier Jugendlicher, die gegensätzlicher nicht sein könnten. Der Ich-Erzähler Maik stammt aus reichem Hause, lebt in einer Villa mit Pool und ist ein unauffälliger, ruhiger Typ. Der russische Spätaussiedler Tschick hingegen fällt sofort auf. Er erscheint betrunken im Unterricht, ist wortkarg und die wildesten Gerüchte ranken sich um ihn. Eines haben die beiden dennoch gemeinsam – sie sind beide Außenseiter. Mit einem gestohlenen Auto schaffen sie es, ihre Heimatstadt Berlin unbemerkt zu verlassen und durch die ostdeutsche Provinz zu fahren. Auf ihrer Reise machen die beiden allerlei seltsame Bekanntschaften und meistern zahlreiche knifflige Situationen. Obwohl das Abenteuer abrupt endet und sie zum Schluss nur um Haaresbreite einem größeren Unglück entgehen, das sie durch ihren jugendlichen Leichtsinn zum Teil mitverschuldet haben, gewinnt vor allem Maik neues Selbstbewusstsein und kann seinen Ruf und sein Selbstverständnis als Langweiler und Feigling revidieren.

Das Abenteuer

In Herrndorfs Roman finden sich somit Anklänge an das Konzept des Bildungsromans bzw. der Heldenreise. Der Autor schickt seine beiden Protagonisten

2 Wolfgang Herrndorf im Gespräch mit Kathrin Passig (s. Anm. 1).

auf eine Odyssee in das Unbekannte, aus der diese dann gestärkt hervorgehen.

*Tschick* wurde mit zahlreichen Literaturpreisen ausgezeichnet und in Rezensionen hochgelobt. Die Tatsache, dass zwei Vierzehnjährige im Mittelpunkt stehen, tut der Beliebtheit bei Lesern aller Altersgruppen bis heute keinen Abbruch. So rezensierte beispielsweise die *FAZ*: »[E]s [ist] ein großartiges Buch, egal, ob man nun dreizehn, dreißig oder gefühlte dreihundert ist.«[3] Der deutschen Ausgabe folgten schon bald Übersetzungen in zahlreiche Sprachen. Bisher wurden über zwei Millionen deutschsprachige Exemplare von *Tschick* verkauft.[4]

3 Felicitas von Lovenberg, »Wenn man all die Mühe sieht, kann man sich die Liebe denken«, in: *Frankfurter Allgemeine Zeitung*, 15. 10. 2010. (www.faz.net/aktuell/feuilleton/buecher/rezensionen/belletristik/wolfgang-herrndorf-tschick-wenn-man-all-die-muehe-sieht-kann-man-sich-die-liebe-denken-1613025.html, Stand: 2. 2. 2018)

4 Vgl. *börsenblatt.net*, 13. 6. 2013. (www.boersenblatt.net/artikel-buchcharts_-_die_aktuellen_bestsellerlisten.1418806.html, Stand: 2. 2. 2018)

# 2. Inhaltsangabe

»Als Erstes ist da der Geruch von Blut und Kaffee. Die Kaffeemaschine steht drüben auf dem Tisch, und das Blut ist in meinen Schuhen. Um ehrlich zu sein, es ist nicht nur Blut« (S. 7).

Maik Klingenberg ist vierzehn Jahre alt, besucht die achte Klasse des Hagecius-Gymnasiums in Berlin und bezeichnet sich selbst als Außenseiter und notorischen Langweiler. Das mag seltsam anmuten, wenn man die ersten Zeilen des Romans liest, die den Protagonisten und Ich-Erzähler Maik so gar nicht als drögen Stubenhocker erscheinen lassen. Aus der Rückschau berichtet Maik, wie es dazu kam, dass er blutend, eingenässt und lädiert auf der Station der Autobahnpolizei gelandet ist. Dieses Szenario nimmt das Ende der gemeinsamen Reise von Maik und seinem neuen Freund Tschick vorweg, die im Zentrum des Romans steht.

## Das Ende der gemeinsamen Reise: Kapitel 1–4

■ Das Ende zuerst

Die Hauptfigur Maik Klingenberg sitzt blutend und angeschlagen auf einer Station der Autobahnpolizei. Vor lauter Angst hat er sich sogar in die Hose gepinkelt. Er ärgert sich darüber und ist sich sicher, dass Tschick, der irgendwie vor der Polizei flüchten konnte, so etwas nicht passiert wäre. Maik ist überfordert mit der Situation und überlegt, ob er vielleicht einen Anwalt bräuchte, da er erfährt, dass er entgegen seiner Annahme mit seinen vierzehn Jahren bereits strafmündig ist. Doch noch bevor er über die Konsequenzen, die aus dieser neuen Erkenntnis resultieren, nachdenken kann, kippt er ohnmächtig vom Stuhl.

Er erwacht im Krankenhaus, nur um kurz darauf wieder in einen tiefen, durch starke Medikamente verursachten Schlaf zu verfallen. Er ist verletzt, verliert aber nicht viele Worte darüber. Im Krankenhaus fühlt er sich sehr wohl, einzig das Gespräch mit dem Arzt, der Maik Fragen über den Ursprung seiner Verletzungen, das Verhalten der Polizei und das Ziel der Reise stellt, bereitet Maik Unbehagen.

## Maik und die Klasse: Kapitel 5–8

■ Außenseiter

Maik ist bei seinen Mitschülern nicht besonders beliebt. Das zeigt sich unter anderem daran, dass er keinen Spitznamen hat und auch noch nie hatte – jedenfalls keinen schmeichelhaften. Seiner Meinung nach liegt das daran, dass er langweilig ist und keine Freunde hat. Sein einziger Freund Paul ist weggezogen, als Maik auf das Gymnasium wechselte, und ist Maik zufolge seitdem seltsam geworden. Maik sagt von sich selbst, dass er nicht gut darin sei, Leute kennenzulernen; er ist ein unauffälliger Einzelgänger, was ihn aber erst zu stören beginnt, als er sich in seine Mitschülerin Tatjana Cosic, ein beliebtes und sehr hübsches Mädchen, verliebt.

Ein einziges Mal ist Maik doch aufgefallen. Das war

in der sechsten Klasse, als er im Deutschunterricht einen Aufsatz vorgelesen hat, der ihm für einige Zeit den einzigen Spitznamen seiner bisherigen Schulzeit einbrachte: »Psycho« (S. 33). Maik hatte in diesem Aufsatz eine wahre Begebenheit geschildert: den Aufenthalt seiner alkoholkranken Mutter in einer Entzugsklinik – von Familie Klingenberg »Beautyfarm« (S. 26) genannt. Als der Mädchenschwarm André Langin sich darüber wundert, dass eine »Schlaftablette« (S. 35) wie Maik den Namen »Psycho« trägt, ist es damit vorbei, und Maik verschwindet wieder in der gewohnten Unauffälligkeit. Nicht einmal, als er einen neuen Schulrekord im Hochsprung aufstellt, wird er von seinen Klassenkameraden wahrgenommen.

■ Der Spitzname »Psycho«

## Tschick: Kapitel 9–12

Tschick kommt nach den Osterferien neu in die Klasse. Er ist ein »Asi« (S. 41), den von Anfang an keiner leiden kann. Sein abgerissenes Äußeres und seine Alkoholfahne tragen ihr Übriges dazu bei, dass sich schnell die wildesten Gerüchte um den russischstämmigen Tschick ranken, der mit bürgerlichem Namen eigentlich Andrej Tschichatschow heißt. Maik erzählt von Tschicks Zensuren, die je nach Alkoholpegel beträchtlich variieren, und von einer denkwürdigen Deutschstunde bei Lehrer Kaltwasser, in der Tschick anstatt der geforderten Interpretation einer Brecht-Parabel eine wilde Verschwörungsgeschichte vorliest. Auch von dem autoritären Ge-

■ Der Neue in der Klasse

schichtslehrer Wagenbach lässt er sich nicht einschüchtern und ignoriert ihn einfach.

■ Tatjanas Geburtstagsparty

Das zentrale Ereignis zu Beginn der bevorstehenden Sommerferien und das Hauptgesprächsthema der Klasse 8c ist Tatjanas Geburtstagsparty. Auch Maik ist sehr aufgeregt und arbeitet schon seit Wochen an einer Bleistiftzeichnung der Sängerin Beyoncé, die er Tatjana zu diesem Anlass schenken will. Doch am letzten Schultag vor den Ferien kommt die Ernüchterung: Als einer von wenigen aus der Klasse erhält Maik keine Einladung zu ihrer Party. Geknickt und mürrisch macht er sich auf den Nachhauseweg, als Tschick ihn zum ersten Mal anspricht. Maik hat aber keine Lust, sich mit ihm abzugeben, und reagiert abweisend.

## Ein trister Sommerferienbeginn mit überraschender Wendung: Kapitel 13–17

Maiks miese Laune bessert sich nicht. Zu allem Übel hat er auch noch sein Fahrrad an der Schule vergessen und muss zurück. Unterwegs pausiert er an einem verlassenen Spielplatz und setzt sich auf den Spielturm. Er blickt auf das Brachland, wo einst 96 Einfamilienhäuser hätten entstehen sollen – ein Projekt seines Vaters. Nachdem auf dem Landstück allerdings seltene Pflanzen und Tiere entdeckt wurden, wurde das Bauvorhaben gestoppt: Die Firma seines Vaters, Immobilien Klingenberg, geriet in die Krise.

■ Immobilienkrise

Zurück zu Hause bricht Maiks Mutter zu einem neuerlichen Aufenthalt in der Entzugsklinik auf, und sein Vater fährt mit seiner attraktiven Assistentin Mona auf eine spontane zweiwöchige Geschäftsreise. Versorgt mit Fertigpizza, seinen Playstation-Spielen und zweihundert Euro Bargeld, stellt Maik sich darauf ein, die Ferien alleine am heimischen Pool zu verbringen.

Allein gelassen

Während Maik dabei ist, sich einzurichten, kreuzt unerwartet Tschick auf seinem Fahrrad vor seinem Haus auf und lädt sich selbst ein. Tags darauf taucht er erneut auf, diesmal allerdings nicht wie zuvor mit dem Fahrrad: Er sitzt am Steuer eines alten, klapprigen Lada Niva und überredet den zögernden Maik zu einer kleinen Spritztour mit dem »geliehenen« Wagen (vgl. S. 82 f.). Unterwegs fragt Tschick, ob Maik schwul sei, weil er sich »nicht für Mädchen« interessieren würde (S. 85). Maik verneint das und erzählt Tschick, dass er miese Laune hat, weil er nicht auf Tatjanas Party eingeladen ist. Anschließend zeigt er ihm das Bild, das er Tatjana schenken wollte. Als Tschick die Beyoncé-Zeichnung sieht, erkennt er, dass Maik in Tatjana verliebt ist. Kurzerhand beschließt er, mit Maik bei Tatjanas Geburtstagsfest vorbeizufahren, damit Maik ihr sein Geschenk überreichen kann – auch ohne Einladung.

Besuch von Tschick

Maik willigt zögernd ein und wenig später übergibt er Tatjana »[w]ie hypnotisiert« (S. 93) die Zeichnung. Um die bereits verblüfften Klassenkameraden zusätzlich zu beeindrucken, macht Tschick mit dem Lada mitten auf der Straße eine 180-Grad-Drehung und braust mit Maik davon.

Party-Crashing

## Der Beginn der Reise: Kapitel 18–22

■ Tschicks Vorschlag: Urlaub machen

Tschick und Maik spielen in der Klingenbergschen Villa Playstation, als Tschick den Vorschlag macht, einfach in den Urlaub zu fahren – wie andere Leute eben auch. Als Reiseziel schlägt er die Walachei vor, da er dort Verwandte habe. Keiner der Jungen weiß allerdings so genau, wo die Walachei überhaupt liegt. Maik glaubt sogar, es sei ein fiktiver Ort, eigentlich »nur ein Wort« (S. 97). Zunächst ist das Ganze nur eine verrückte Idee, später macht Maik sich jedoch tatsächlich Gedanken darüber, wie es wäre, einfach wegzufahren, um dem ganzen Elend mit Tatjana zu entkommen.

■ Der Beginn der Reise

So kommt es, dass die beiden am Sonntagmorgen um vier Uhr den Lada kurzschließen, mit allerlei meist unnützem Gepäck beladen und einfach losfahren. Allerdings haben sie keine Straßenkarte mitgenommen und verlieren recht schnell die Orientierung.

Um auf der Straße nicht als minderjähriger Fahrer erkannt zu werden, klebt Tschick sich mit schwarzem Klebeband ein ›Hitlerbärtchen‹ ins Gesicht. Außerdem wählen sie Feldwege und abgelegene Landstraßen.

Ihre erste Nacht verbringen sie im Auto auf einem Feld. Am nächsten Tag bringt Tschick Maik am Waldrand das Autofahren bei.

Abb. 1: Ein Lada Niva – das Auto von Maik und Tschick


## On the Road: Kapitel 23–27

Der Hunger lässt die beiden Reisenden an einer Bäckerei in einem kleinen Dorf anhalten. Völlig unerwartet treffen sie hier auf Lutz Heckel, einen unbeliebten Klassenkameraden, der in der Bäckerei mit seiner Familie frühstückt. Durch Tschicks Einfallsreichtum schaffen sie es, dass ihre illegale Reise nicht auffliegt – er gibt vor, dass sie mit dem Fahrrad zu Bekannten unterwegs sind. Dennoch müssen die beiden Ausreißer auf der Hut sein: Als sie zwei Polizisten entdecken, die die parkenden Autos inspizieren,

Erstes Täuschungsmanöver

fahren sie in den Wald und stellen den Lada auf einem Wanderparkplatz ab. Dort tauschen sie ihre Kennzeichen gegen die eines alten VW Käfer. Der Lada wird vorübergehend auf einem Sägewerksgelände geparkt, und es geht zu Fuß weiter. Die Nacht verbringen Maik und Tschick auf einer Aussichtsplattform unter einem beeindruckenden Sternenhimmel. Maik ist fasziniert von der »unbegreifliche[n] Unendlichkeit« (S. 122) über ihnen.

Friedemann und seine Familie

Am nächsten Tag und mit den gewechselten Kennzeichen fühlen sich die beiden wieder sicher und fahren weiter. Da ihnen die Lebensmittel ausgehen, suchen sie nach einem Supermarkt und treffen unterwegs auf Friedemann, eines von fünf Kindern einer ökologisch bewusst lebenden Familie. Der kann ihnen zwar nicht sagen, wo ein Supermarkt zu finden ist, aber dafür werden sie von dessen Mutter zum Essen eingeladen. Tschick und Maik wundern sich über die Familie, die ihnen zunächst »spinnert« (S. 134) erscheint, aber alle sind sehr freundlich, und das Essen schmeckt ihnen hervorragend. Beim Ratespiel (der Gewinner bekommt die größte Nachtischportion) können Maik und Tschick allerdings nicht mit Friedemann und seinen Geschwistern mithalten.

Flucht vor dem »Dorfsheriff«

Im Anschluss an diese Episode finden sie doch noch einen Einkaufsladen. Auf dem Rückweg vom Supermarkt, während Tschick schon dabei ist, sich auf den Fahrersitz des Lada zu setzen, begegnet ihnen aber zufällig der »Dorfsheriff« (S. 135). Trotz eines Täuschungsmanövers begreift der Polizist, dass etwas nicht stimmt. Während Tschick die Flucht mit dem Lada glückt, klaut Maik das Fahrrad des Sheriffs und braust damit davon. Maik gelingt es zwar, den Polizisten abzuschütteln, er hat jedoch keine Ahnung, wo Tschick inzwischen ist. Die Nacht verbringt er notgedrungen versteckt im Wald, beschließt aber beim ersten Morgengrauen, zurück zur Aussichtsplattform zu fahren; er hofft, dass Tschick auf denselben Gedanken kommt. Nach einem langen Tag des Wartens entdeckt er in einer leeren Colaflasche eine Nachricht von Tschick, der verspricht, ihn abzuholen. Am Abend taucht er tatsächlich auf – mit einem nun schwarzen Lada. Er hat ihn umlackiert, und an neue Kennzeichen hat er auch gedacht.

■ Getrennt

## Isa: Kapitel 28–34

Mit dem umgestalteten Auto fühlen sich die beiden Abenteurer sicher genug, um auf die Autobahn zu fahren. Doch stellt sich rasch ein neues Problem ein: Der Tank ist fast leer. Ohne genau zu wissen, wie sie an Benzin kommen sollen, steuern die beiden eine Tankstelle an. Natürlich würde es dem Tankwart auffallen, wenn zwei Achtklässler tanken wollen. Außerdem wissen weder Maik noch Tschick, wie man überhaupt tankt. Viele Magnum-Eis später hat Maik die Idee, das Benzin mit einem Schlauch aus einem anderen Auto herauszuholen. Tschick glaubt zwar nicht, dass das funktionieren kann, da ihm aber nichts Besseres einfällt, beschließen sie, es zu versuchen.

■ Das Benzinproblem

Auf der Suche nach einem Schlauch erinnern sie sich daran, dass sie zuvor an einer Mülldeponie vorbeigefahren sind. Dorthin laufen sie zurück und treffen beim Durchwühlen der Müllberge auf Isa, ein gleichaltriges, total verdrecktes und heruntergekommenes Mädchen. Sie und Tschick beginnen sofort, sich gegenseitig aufs Übelste zu beschimpfen. Letztlich zeigt sie ihnen aber, wo auf der Müllkippe Schläuche zu finden sind. Da Isa Hunger hat und auch sehr neugierig ist, begleitet sie die Jungs auf dem Rückweg – gegen deren Willen. Als Maik hört, wie schön Isa singt, fällt ihm zum ersten Mal auf, dass vielleicht doch nicht alles an ihr abstoßend ist. Doch Tschick versucht »ungefähr fünfhundert Mal« (S. 158) Isa wegzuschicken: »Wenn die uns nachläuft, ist megakacke« (ebd.).

■ Bekanntschaft mit Isa

Nachts, zurück an der Tankstelle, finden sie einen VW Golf, an dem sich der Tankdeckel abschrauben lässt, aber das Ansaugen des Benzins gestaltet sich schwerer als gedacht. Plötzlich taucht Isa wieder auf, die ihnen trotz Tschicks Zurückweisung heimlich gefolgt ist, und zeigt ihnen, wie es funktioniert.

■ Reise zu dritt

Weil sie ihnen beim Abzapfen des Benzins geholfen hat, nehmen die Jungs Isa nun doch ein Stück mit dem Lada mit. Sie behauptet, zu ihrer Halbschwester nach Prag zu wollen. Sie stinkt nach Abfall und will nichts von sich erzählen, davon abgesehen »quasselt« sie aber vollkommen ungehemmt. Schließlich erreichen die drei einen See und beschließen, dort zu übernachten. Um Isas Gestank loszuwerden, schubsen die Jungs sie ins Wasser. Tschick ist der Ansicht, dass sie alle ein Bad nötig haben, und stößt Maik direkt hinterher.

Am nächsten Morgen macht sich Tschick auf den Weg in das nächste Dorf, um etwas zu essen zu kaufen, und Isa bittet Maik, ihr die Haare zu schneiden. Da sie nicht will, dass Haare auf ihr T-Shirt fallen, zieht sie es aus. Maik ist verblüfft: So viel körperliche Freizügigkeit ist er nicht gewohnt. Um Isa nicht anzustarren, versucht er, sich auf das Haareschneiden zu konzentrieren. Von dem Ergebnis seiner Frisierkünste ist Maik völlig überrascht: »Sieht super aus« (S. 170). Während sie auf Tschick warten, macht Isa Maik ein eindeutiges Angebot. Maik ist überfordert, aber er mag Isa immer mehr. In dem Moment, als Isa vorschlägt, sich zu küssen, kommt Tschick zurück.

■ Isa mag Maik

Die drei beschließen, den Berg zu erklimmen, an dessen Fuß sie übernachtet haben. Auf dem Gipfel sind zahlreiche Schnitzereien von Wanderern und Bergsteigern zu finden, die vor ihnen hier waren. Die älteste Einkerbung, die sie finden, stammt aus dem Jahr 1903 von einem Anselm Wail. Tschick ritzt ihre Initialen ebenfalls ins Holz. Maik macht sich Gedanken über Zeit und Endlichkeit, und sie beschließen, sich fünfzig Jahre später an derselben Stelle wiederzutreffen. Als sie den Berg hinuntersteigen, bemerken sie Reisebusse neben dem Lada. Isa entscheidet kurzentschlossen, dass sie mit dem Bus wohl schneller vorankommt, leiht sich dreißig Euro von Maik und verabschiedet sich.

■ Sinnieren über Vergänglichkeit und Zeitlichkeit

## Jähes Ende? Kapitel 35–42

Maik und Tschick sind wieder unterwegs. Von weitem sehen sie Blaulicht und biegen sofort auf einen kleinen Feldweg ab, der sie ins Niemandsland führt. Über eine wenig vertrauensvoll aussehende Brücke überqueren sie einen tiefen Abgrund, auf der anderen Seite des Kraters erreichen sie ein verlassenes Dorf. Als sie an den Ruinen der Häuser vorbeifahren, wird plötzlich auf sie geschossen. Maik springt aus dem Auto und geht in Deckung. Durch ein Fenster sieht er, dass der Schütze, ein alter Mann, das Feuer einstellt. Er heißt Horst Fricke und lebt alleine in der Geisterstadt. Er lädt sie auf eine Limo ein, was sie annehmen, da sie weiteren Ärger vermeiden wollen. Im Haus erzählt er ihnen von seiner großen Liebe und dem Krieg.

■ Der Schütze in der Geisterstadt

Als sich die Jungs auf ihrer Weiterfahrt noch einmal nach dem Haus von Horst Fricke umsehen, entdecken sie in der Ferne ein Polizeiauto. Sie versuchen zu flüchten, aber es führt kein Weg von der Hochebene hinunter, auf der sie sich seit Überqueren der Brücke befinden. Tschick gibt Gas, sie rauschen »über die Kante« (S. 189) und brausen eine steile Böschung hinab. Der Lada überschlägt sich mehrmals und landet am Fuße der Böschung – auf dem Dach. Tschick und Maik sind zunächst unverletzt. Eine massige Dame, die den Unfall beobachtet hat, kommt durch die Böschung auf sie zu und ist vollkommen außer sich. Vor Schreck lässt sie den Feuerlöscher, mit dem sie notfalls helfen wollte, auf Tschicks Fuß fallen.

■ Der erste Unfall

Die Frau, die von Beruf Sprachtherapeutin ist, besteht darauf, den nun am Fuß verletzten Tschick in ein Krankenhaus zu bringen. In der Notaufnahme meldet Maik ihn unter dem Namen ihres Mitschülers André Langin an, da Tschick keine Krankenversicherung hat. Die Frau wartet noch mit den Jungs, bis diese an die Reihe kommen, und gibt ihnen ihre Adresse und zweihundert Euro für die Rückfahrt. Tschicks Fuß wird eingegipst, und eine Krankenschwester zeigt den beiden ein freies Zimmer, in dem sie auf den Arzt warten sollen. Als Maik zufällig einen Blick aus dem Fenster wirft, entdeckt er ihren Lada: abgestellt in einer Parkbucht neben der Autobahn. Kran und Polizei fahren unverrichteter Dinge davon, der Lada bleibt zurück.

■ Im Krankenhaus

Nachdem Maik der Krankenschwester durch ein fiktives Telefonat glaubhaft versichern konnte, dass sie in Kürze von ihrer (erfundenen) Tante Mona abgeholt werden, gelingt den beiden die Flucht aus dem Krankenhaus. Sie gehen zurück zum Lada, der erstaunlicherweise sofort anspringt. Da Tschick mit seinem Gipsfuß aber nicht fahren kann, muss Maik ans Steuer. Maik hat Angst davor, auf der Autobahn zu fahren, und gesteht Tschick, dass er ein Feigling und ein Langweiler ist. Tschick widerspricht mit Nachdruck und verrät Maik im Gegenzug sein Geheimnis: Er ist homosexuell. Obwohl er eigentlich keine konkrete Ahnung hatte, ist Maik nicht allzu überrascht. Er überlegt sogar kurz, ob er nicht selbst auch schwul werden könnte, da das die »Lösung aller Probleme«

■ Flucht aus dem Krankenhaus

■ Tschicks Geheimnis

(S. 214) wäre, stellt dann aber fest, dass er Mädchen lieber mag. Schließlich fahren sie doch los. Nach einigen Anlaufschwierigkeiten schafft es Maik auch tatsächlich, den Lada in Bewegung zu setzen. Das Gefühl, unaufhaltsam zu sein, beflügelt die beiden.

## Der Schweinetransporter oder das endgültige Ende der Reise: Kapitel 43–44

■ Der finale Unfall

Unterwegs auf der Autobahn werden sie von einem serbischen Schweinetransporter überholt. Als der Fahrer aufdringlich in das Auto der Jungs hineinschaut und sie dann auch noch ausbremst, wollen sie ihn überholen. Als Maik versucht, mit Vollgas an ihm vorbeizuziehen, fährt der LKW Schlangenlinien. Plötzlich verliert der LKW-Fahrer die Kontrolle, der Transporter rutscht quer über die Breite der Autobahn, und der Lada kracht »vollrohr in den Laster rein« (S. 224).

Beide Jungs überleben den Unfall. Tschick fragt Maik mehrmals, ob er in Ordnung sei, und flüchtet dann über die Böschung, als er die Polizei kommen hört. Maik wird von der Polizei abgeführt. Am Ende des Kapitels schließt sich der Kreis zum Romanbeginn. Maik erläutert: »[D]en Rest habe ich ja schon erzählt« (S. 226).

## Das Nachspiel: Gerichtsverhandlung und neues Schuljahr: Kapitel 45–49

Maik ist wieder zu Hause. Sein Vater ist aufgebracht und schlägt ihn, während die Mutter hilflos danebensteht und wie üblich trinkt. Der Vater will, dass Maik vor Gericht die ganze Schuld auf Tschick schiebt, um selbst »mit einem blauen Auge davonzukommen« (S. 229). Da Maik aus reichem Elternhause stamme und Tschick ein »asiger Russe« (ebd.) sei, stünden die Chancen dafür laut Maiks Vater nicht schlecht. Maik hingegen möchte Tschick auf gar keinen Fall verraten.

Maik freut sich darauf, Tschick wiederzusehen. Der Unfall ist vier Wochen her und Tschick ist, seit er ebenfalls aufgegriffen wurde, in einem Heim, das zunächst keinen Kontakt erlaubt.

Wiedersehen vor Gericht

Am Tag der Gerichtsverhandlung begrüßen sich Maik und Tschick freudig, bevor sie dem Richter Rede und Antwort stehen müssen. Maik erzählt mehr oder weniger die Wahrheit, ein paar Details unterschlägt er jedoch (z. B. die Falschangabe bei der Krankenversicherung oder die Hilfe der Sprachtherapeutin). Maik sagt, dass sie beide zusammen die Idee zu dieser Reise gehabt haben – sehr zum Missfallen seines Vaters. Als Tschick an der Reihe ist, behauptet er, all das sei allein seine Idee gewesen. Maik widerspricht dem wiederum, so dass keinem von beiden die alleinige Schuld zugesprochen werden kann. Schließlich erläutert ein Herr von der Jugendgerichtshilfe, aus welchen »Verhältnissen« Tschick käme und dass auch Maik von seinen Eltern »vernachlässigt würde und verwahrlost sei« (S. 235 f.). Das Urteil wird verkündet: Tschick muss im Heim bleiben, Maik erhält die Weisung, Arbeitsleistungen zu erbringen – ein sehr mildes Urteil, das darauf beruht, dass beide aus schwierigen Verhältnissen stammen.

Nicht länger unsichtbar

Es ist der erste Schultag nach den Sommerferien. Zunächst scheint sich um Maik herum nichts verändert zu haben. Eines ist aber doch anders: Tatjana bemerkt Maik und schreibt ihm einen Zettel. Sie möchte wissen, woher seine Verletzungen stammen. Maik ist zunächst verblüfft und antwortet knapp und ausweichend. Sie hakt jedoch nach, und so schreibt er sein Abenteuer in Kurzform auf den Zettel, der prompt von Wagenbach abgefangen und vorgelesen wird. Die Klasse verstummt wegen der verwegenen Geschichte, Wagenbach glaubt kein Wort. Bevor es zu einer Predigt seitens des Lehrers kommen kann, wird Maik aus dem Unterricht geholt, da ihn zwei Polizisten sprechen möchten. Es wurde erneut ein Lada gestohlen, und die Polizisten wollen herausfinden, ob Tschick oder Maik etwas damit zu tun haben. Als es klingelt, geht die Klassenzimmertür auf, und alle starren Maik an. Maik fühlt sein Ansehen wachsen – zumindest fällt er jetzt auf.

Ein unerwarteter Brief

Wenig später wird Maik ins Sekretariat gerufen. Die Sekretärin überreicht ihm einen Brief von Isa, den diese mit dem Absender »Anselm Wail« versehen und an die Schule geschickt hat. Maik freut sich und denkt zu Hause den ganzen Nachmittag darüber nach, ob er eher in Tatjana oder in Isa verliebt ist. Isa schreibt, dass sie nächste Woche nach Berlin kommen werde, und schlägt ein Treffen an der Weltzeituhr vor.

Die Frage nach dem Glück

Maiks Träumereien werden von jähem Lärm unterbrochen: Seine Mutter wirft Möbel in den Pool. Sie erklärt Maik, dass alles im Leben egal sei, außer der Frage, ob man glücklich ist. Der Vater ist bei dem Spektakel nicht zugegen, Maik erwähnt in einem Nebensatz, dass er sich mit seiner Assistentin Mona nach einer neuen Wohnung umschaut. Maik hilft seiner Mutter schließlich, Einrichtungsgegenstände in den Pool zu werfen. Als die von den Nachbarn alarmierte Polizei auftaucht, springen die beiden ins Wasser und tauchen unter. Maik ist glücklich, er denkt an Tschick, Isa und all die verrückten Erlebnisse dieses Sommers.

# 3. Figuren

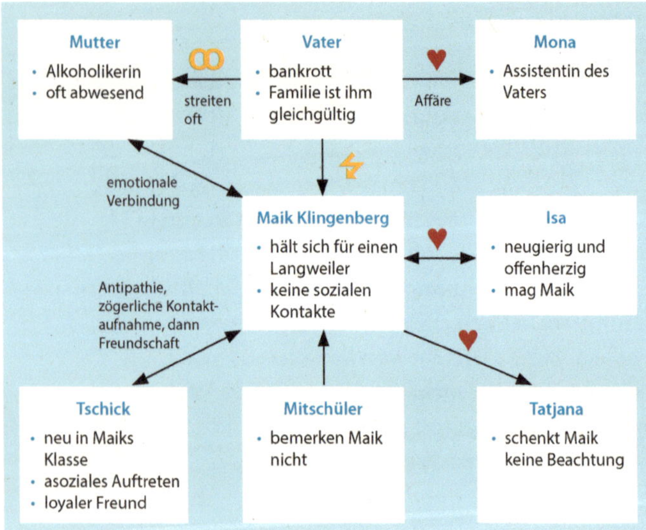


Abb. 2: Figurenkonstellation

## Die Hauptfiguren auf der Reise

### Maik Klingenberg

Maik Klingenberg, der Ich-Erzähler und Protagonist des Romans, ist vierzehn Jahre alt und besucht die achte Klasse eines Berliner Gymnasiums. Maik ist Einzelkind und lebt mit seinen Eltern in einem modernen großen Haus mit eigenem Swimmingpool und mehreren Angestellten. Seine Mutter ist alkoholabhängig und macht regelmäßig Entziehungskuren, seinem Vater, Josef Klingenberg, gehört eine Immobilienfirma. Da er sich bei einem Großprojekt verspekuliert hat, steht seine Firma allerdings kurz vor dem Bankrott. Die Ehe von Maiks Eltern ist zerrüttet, es gibt viel Streit. Dennoch trennen sich seine Eltern nicht. Maik glaubt, der Grund dafür sei, »dass sie sich gern [anschreien]. Dass sie gerne unglücklich [sind]« (S. 70). Trotz dieser emotional schwierigen Verhältnisse beklagt Maik sich nicht. Er mag seine Mutter sehr. Auch wenn sie sich nicht richtig um ihn kümmern kann, ist er der Ansicht, dass es »Schlimmeres [gibt] als eine Alkoholikerin als Mutter« (S. 253).

Schwierige Familienverhältnisse

Maik ist ein Außenseiter, nach eigenen Angaben ist er »nicht wahnsinnig gut im Kennenlernen« (S. 23), daher ist er oft allein und hat keine Freunde. Sein einziger Freund Paul ist nach der gemeinsamen Grundschulzeit aus Berlin weggezogen. In seiner Klasse hat er keinen Anschluss, er fällt nicht auf, hat nicht einmal einen Spitznamen. »Wenn man keinen Spitznamen hat, kann das zwei Gründe haben. Entweder man ist wahnsinnig langweilig und kriegt deshalb keinen, oder man hat keine Freunde« (S. 21). Entsprechend seiner Selbstanalyse ist bei ihm beides der Fall. Trotz allem unternimmt Maik nichts, um das Bild seiner Mitschüler von ihm zu ändern, er passt sich vielmehr den Erwartungen seiner Umwelt an. Es scheint, als füge er sich dem ihm zugedachten Image. Eine vorübergehende Ausnahme von Maiks chronischer Unauffälligkeit bildet der Spitzname »Psycho«, den

Außenseiter und Einzelgänger

Maik in der sechsten Klasse als Reaktion auf einen von ihm verfassten Aufsatz über den Entzugsaufenthalt seiner Mutter auf der »Beautyfarm« erhält.

Seine Unsichtbarkeit beginnt ihn erst dann zu stören, als er sich in seine Mitschülerin Tatjana Cosic verliebt. Selbst als er im Sportunterricht einen neuen Schulrekord im Hochsprung aufstellt, bemerkt sie ihn nicht, obwohl sie mit ihrer Clique danebensitzt. Trotz alledem ist Maik letztlich überrascht, dass er nahezu als Einziger nicht zu ihrer großen Geburtstagsparty eingeladen wird: »Bis zur letzten Schulstunde und bis nach der Zeugnisverleihung hoffte ich immer noch« (S. 61).

■ »Reich, feige, wehrlos«

Über sein Äußeres verrät Maik kaum etwas, er erwähnt nur, dass er »einer der Kleinsten« (S. 36) ist und dass seine Lieblingsjacke »irgend so ein China-Teil [ist], auf der Brust ein weißes Drachenmuster [hat], das wahnsinnig billig [aussieht]. [...] Im Grunde die ideale Jacke für Asis« (S. 61 f.). Genau das ist auch der Grund, warum er diese Jacke so mag und sie nicht an Tschick verkaufen möchte; sie verdeckt, dass er in Wirklichkeit »reich, feige, wehrlos« (S. 62) ist. In Sätzen wie diesen zeigt sich Maiks Ehrlichkeit, aber auch sein negatives Selbstbild. Er versucht nicht, sich in einem besonders guten Licht zu präsentieren, sondern erzählt im Gegenteil offen von seinen Ängsten und Schwächen.

■ Großzügig und freundlich

Dabei hat er einige gute Charaktereigenschaften: Maik schenkt sowohl Tschick als auch Isa Kleidung, die ihm gehört, und teilt das Geld, das er von seinem

Vater bekommen hat, mit ihnen. Natürlich ist das für einen Jugendlichen, der im Wohlstand aufgewachsen ist und dem es nie an etwas gemangelt hat, kein allzu großes Opfer, dennoch geben diese Gesten Aufschluss über seine Großzügigkeit und seine Freundlichkeit.

Dass Maik künstlerisch begabt ist, lässt sich an seinem Porträt von Beyoncé erkennen, das er Tatjana zum Geburtstag schenken möchte. »Wenn Beyoncé-zeichnen und Hochsprung die wichtigsten Disziplinen auf der Welt wären, wäre ich ganz weit vorn« (S. 59).

Künstlerisch begabt

Obwohl Maik eigentlich Rockmusik wie die der Band »The White Stripes« mag, hat er sich zwei CDs von Tatjanas Lieblingssängerin Beyoncé gekauft. Am Anfang gefällt ihm ihre Musik überhaupt nicht, aber als er mit der Zeit feststellt, dass Beyoncé eine gewisse Ähnlichkeit mit Tatjana hat, beginnt er, auch ihre Musik zu mögen. Zunächst scheint Maik dieses »Geständnis« peinlich zu sein, denn er relativiert, wie gut ihm die Musik tatsächlich gefällt. Dann gibt er allerdings doch zu, dass er sie »*super*« findet und sogar zeitweise »in Endlosschleife« hört (S. 58). Ist er aufgebracht oder geht es ihm schlecht, scheint ihm Beyoncés Musik zu helfen: »Ich legte *Survivor* ein und fing an, die Möbel in meinem Zimmer umzustellen« (S. 67).

Maiks Weltwissen und seine Erfahrung sind begrenzt, was allerdings nicht weiter verwunderlich ist, denn er wuchs in Tennisclubs, einem Haus mit Pool

Naiv und unerfahren

und Angestellten, Computerspielen und mit wenig sozialen Kontakten zu Gleichaltrigen auf. Seine Naivität zeigt sich im ersten Kapitel an seinen Überlegungen über einen Anwalt, den er nun benötigen könnte. Auch glaubt er Tschick dessen Geschichte, dass man mit einem Tennisball ein abgeschlossenes Auto öffnen könne: »Du hast das nicht wirklich geglaubt, oder? Du kannst mit einem Tennisball kein Auto aufmachen. Sonst würde das doch jeder« (S. 161).

Maik ist auch in sexueller Hinsicht unerfahren und daher vollkommen eingeschüchtert durch Isas nackten Oberkörper, den er beim Schneiden ihrer Haare krampfhaft zu berühren vermeidet. Als Isa ihn dann auch noch ganz offen darauf anspricht, ob er denn »schon mal gefickt« (S. 171) habe, wird er rot und bekommt eine hohe, unsichere Stimme. Solche Offenherzigkeit und Freizügigkeit ist Maik von den Mädchen aus seiner Klasse nicht gewohnt. Daran, dass Maik zunehmend von Isa fasziniert ist und er immer mehr Aspekte an ihr entdeckt, die ihm gefallen, zeigt sich, dass es ihm gelingt, das von Oberflächlichkeit und Äußerlichkeit geprägte Verhalten, das er von seiner Klasse kennt, abzulegen. Auch er hat Tschick und Isa zunächst nach ihrer äußeren Erscheinung beurteilt, ist aber in beiden Fällen eines Besseren belehrt worden.

Maiks Entwicklung

Die unerwartete Freundschaft zu Tschick und ihre gemeinsame Reise verändern Maik im Laufe des Romans. Er wird mutiger und selbstbewusster, wächst zum Schluss über sich hinaus und verliert später in der Klasse seinen Status als unauffälliger Langweiler. Ob dies dazu führen wird, dass er in der Klasse auch mehr Anschluss findet, bleibt am Ende des Romans offen. Aber auch wenn dem nicht so sein sollte, hat Maik in Tschick und Isa zwei Freunde gefunden. Er ist sich zum Schluss nicht einmal mehr sicher, ob er nicht vielleicht noch mehr in Isa als in Tatjana verliebt ist. Als er mit seiner Mutter im Pool untertaucht, ist es ihm vollkommen egal, ob er nun möglicherweise wieder seinen alten Spitznamen »Psycho« zurückerhält oder nicht (vgl. S. 253).

## Andrej Tschichatschow

Andrej Tschichatschow, genannt »Tschick«, ist die Titelfigur des Romans. Mit ihm beginnt das Abenteuer der Reise durch den Osten Deutschlands, die Maiks Leben auf den Kopf stellt.

Tschick kommt nach den Osterferien neu in Maiks Klasse. In den vier Jahren, die seit der Einwanderung des gebürtigen Russen vergangen sind, hat er eine bemerkenswerte Schulkarriere absolviert: Von der Förderschule schaffte er es auf die Hauptschule, von der Hauptschule dann auf die Realschule und schließlich auf das Gymnasium.

Maik beschreibt seinen ersten Eindruck von Tschick sehr genau: Er ist mittelgroß, hat hohe Wangenknochen und schmale Augen. Seine Unterarme sind kräftig, auf einem hat er eine große Narbe, seine Beine sind dünn, sein Schädel ist kantig. Maik bezeichnet

»Asoziales« Erscheinungsbild

Tschicks Aussehen als asozial, ein Eindruck, den er durch die Schilderung seiner Kleidung noch unterstreicht. Am ersten Schultag trägt er »ein schmuddeliges weißes Hemd, an dem ein Knopf fehlt [], 10-Euro-Jeans von KiK und braune, unförmige Schuhe, die auss[e]hen wie tote Ratten« (S. 42). Aber auch sein Verhalten trägt zur vorläufigen Bestätigung dieses ersten Eindrucks bei. Er erscheint betrunken im Unterricht, raucht viel, benutzt eine Plastiktüte, um seine Schulutensilien zu verstauen, und ignoriert gleich am ersten Schultag den strengen Lehrer Wagenbach.

Tschick ist wie Maik ein Außenseiter. Er ist wortkarg und wirkt desinteressiert. Durch sein Äußeres und auch sein lässiges Verhalten fällt er aber mehr auf als der unscheinbare Maik. Schon früh entspinnen sich Gerüchte um ihn. Seine Mitschüler mutmaßen, dass sein Bruder ein Waffenschieber sei, und als Tschick vor mehreren Zeugen einen Oberstufenschüler, der ihn auf dem Parkplatz beleidigt, zum Schweigen bringt, kommen auch Spekulationen über eine Verbindung Tschicks mit der Russenmafia ins Spiel. Da Tschick selbst nichts von sich preisgibt (es deutet aber auch nichts in Maiks Erzählbericht darauf hin, dass die anderen Schüler versuchen, sich mit ihm zu unterhalten), bleiben seine nähere Vergangenheit sowie seine aktuellen Lebensumstände im Dunkeln.

Gerüchte und Spekulationen

Nach einer Weile ebbt das Interesse an dem neuen Schüler wieder ab, seine Klassenkameraden haben sich daran gewöhnt, dass Tschick von Zeit zu Zeit alkoholisiert im Unterricht auftaucht und je nach Verfassung entweder gute oder sehr schlechte Zensuren schreibt. Fakt ist, dass Tschick viele Dinge beherrscht, die für sein Alter nicht üblich sind, und dass er aufgrund seiner Biographie in manchen Bereichen über weit mehr Lebenserfahrung verfügt als Gleichaltrige: Tschick kann Autos nicht nur fahren, sondern auch kurzschließen, er hält sich nicht an Regeln oder Gesetze, flucht viel, ist aber auch einfallsreich und sensibel. Er bemerkt beispielsweise sofort, was in Maik vorgeht, als dieser ihm die zerrissene Beyoncé-Zeichnung zeigt: »Du hast ja Gefühle« (S. 87). Maik ist erstaunt über Tschicks Einfühlungsvermögen und macht diesen besonderen Moment als denjenigen fest, an dem sich seine Einstellung Tschick gegenüber ändert (vgl. S. 88).

■ Raue Schale, weicher Kern

Gegen Ende des Romans gesteht Tschick Maik, dass er homosexuell ist. Dieses Outing ist ein bedeutender Freundschaftsbeweis, da Maik der Erste ist, dem Tschick sein Geheimnis anvertraut (vgl. S. 214). Die Stärke der Freundschaft und die gegenseitige Loyalität zeigen sich schließlich auch im Gerichtsprozess, als beide den anderen in Schutz nehmen und sie sich eben nicht, wie es von Maiks Vater gewünscht war, gegenseitig die Schuld zuschieben.

■ Tschicks Homosexualität

Im Gegensatz zu Maik ist Tschick spontan und abenteuerlustig. Während Maik sich damit abgefunden hat, die Sommerferien deprimiert und allein in der heimischen Öde zu verbringen, schlägt Tschick vor, doch einfach auch in den Urlaub zu fahren. Auch die Tatsache, dass sie beide nicht zu Tatjanas Party

■ Die treibende Kraft

eingeladen sind, stellt für Tschick kein Hindernis dar: Er ist die treibende Kraft und lockt den zunächst passiven und zögerlichen Maik im Verlauf des Romans zunehmend aus der Reserve.

Berücksichtigung des Erzählverhaltens

Eines darf jedoch nicht vergessen werden: Die Figur »Tschick« ist vom Leser immer unter dem Vorbehalt zu sehen, dass alle Beschreibungen und Informationen ausschließlich von Maik stammen und somit personal eingefärbt sind. Maik ist kein neutraler, allwissender Beobachter, sondern Teil der Geschichte. Er erzählt von seinen Eindrücken und wie er Tschick einschätzt und erlebt. Das, was Tschick tatsächlich fühlt und denkt, kann er – im Gegensatz zu einem allwissenden Erzähler – aber nicht wissen.

## Isa Schmidt

Isa Schmidt lernen Maik und Tschick an einem ungewöhnlichen Ort kennen: einer Mülldeponie. Was genau Isa dort sucht, bleibt ihr Geheimnis. Überhaupt erfährt der Leser nicht viel von ihr. Ihr genaues Alter ist nicht bekannt, Maik schätzt sie in etwa mit ihnen gleichaltrig, als er sie zum ersten Mal sieht (vgl. S. 149). Isa klettert barfuß »wie ein kleines, schnelles Tier« (S. 150) über die Müllberge, trägt eine Army-Hose und ein T-Shirt und ist vollkommen verdreckt. Maik beschreibt ihre Lippen als wulstig, ihre Nase als platt und ihre Augen als schmal (vgl. S. 150). Sie trägt eine Holzkiste unbekannten Inhalts mit sich. Bemerkenswert ist ihr loses Mundwerk. Ohne die Jungen zu kennen, beginnt sie sofort damit, sie zu beschimpfen. Als Tschick darauf einsteigt, gipfelt dies in einem wüsten Fluchduell. Trotz alledem zeigt sie Maik und Tschick schließlich, wo diese den für das Tanken benötigten Schlauch finden können.

Isa ist sehr neugierig und geht den beiden Jungs mit ihren Fragen gehörig auf die Nerven. Allerdings erweist sie sich durch ihre praktische Veranlagung als große Hilfe: Nur mit ihrer Unterstützung gelingt es schließlich, den Lada vollzutanken. Da es nicht reine Nächstenliebe ist, die hinter Isas Hilfsangebot steht, wird sie zur vorübergehenden (und zunächst unerwünschten) Reisebegleitung für Maik und Tschick. Mit ihrem pausenlosen Gerede und ihren Ausdünstungen ist sie zwar nicht die angenehmste Mitfahrerin, Maik bemerkt aber zunehmend, dass nicht alles, was sie sagt, unsinnig ist: »Und auch was sie da redete, war gar nicht immer uninteressant. Ich meine, sie war nicht doof auf ihre Weise […]« (S. 165). So gern sie aber auch plaudert, gibt sie über sich selbst kaum etwas preis. Maik und Tschick erfahren, dass sie eine Halbschwester in Prag hat, die sie besuchen möchte, und dass sie gerne in der Fernsehbranche arbeiten würde, »weil man da gut aussieht und irgendwas mit Worten macht« (S. 156) – an dieser Aussage zeigt sich aber auch, dass Isa trotz ihrer Selbständigkeit naiv ist.

■ Der erste Eindruck ist nicht alles

In der kurzen Zeit, in der sie die Reisegefährtin der beiden ist, entdeckt vor allem Maik Facetten an ihr, die zunächst durch ihr verwahrlostes, ungepflegtes Äußeres überdeckt wurden, die ihm aber mehr und mehr gefallen. Ihm fällt auf, dass sie schön singt (ausgerechnet *Survivor* von Beyoncé) und beeindruckend schnell rennen kann, dass sie eine tolle Figur hat und nach dem Bad im See und dem Haarschnitt generell »super« aussieht (S. 170).

■ Selbstbewusst, offenherzig, einfallsreich

Isa ist das genaue Gegenteil von Tatjana: Sie spricht aus, was sie denkt, und ist in sexueller Hinsicht offenherzig und freizügig. Sie ist selbstbewusst und autonom, was für ihr Alter bemerkenswert ist. Sie ist keine von allen bewunderte Schönheit wie Tatjana, vor allem nimmt sie aber Maik so wahr, wie er eigentlich ist. Dass Maik ihr ebenfalls gefällt, wird einerseits durch das frei geäußerte sexuelle Angebot, aber andererseits auch durch den Brief deutlich, den sie Maik – von diesem gänzlich unerwartet – schickt. Die Tatsache, dass sie auf die Idee kommt, den Brief an Maiks Schule zu schicken, da sie ja keine Adresse von ihm hat, beweist ihren Einfallsreichtum.

## Die Eltern

### Josef Klingenberg

■ Der Geschäftsmann

Maiks Vater Josef Klingenberg ist Geschäftsmann, er verdient sein Geld mit Immobilien. Maiks Beschreibung seines Zuhauses mit Pool und verschiedenen Angestellten zeigt, dass seine Geschäfte lange Zeit sehr erfolgreich waren. Zur Zeit der Romanhandlung steht sein Vater Maiks Auskunft zufolge allerdings kurz vor dem Bankrott. Der Grund dafür ist, dass

Herr Klingenberg viel Geld in ein großes Baugrundstück investiert hat, auf dem ursprünglich knapp hundert Einfamilienhäuser entstehen sollten, das Bauvorhaben aber aufgrund eines Umweltgutachtens gestoppt wurde. Der Gerichtsprozess kostete nur noch mehr Geld, weshalb sein Vater seinen Anteil schließlich weit unter Wert verkaufte und sich dann auch noch mit Aktien verspekulierte. »[J]etzt sind wir pleite, der Urlaub ist gestrichen, und das Haus, das uns gehört, gehört uns wahrscheinlich schon lange nicht mehr. Sagt mein Vater. Und das alles wegen drei Raupen und einem Grashalm« (S. 66).

Affäre mit der Assistentin

Der Vater hat offensichtlich ein Verhältnis mit seiner jungen, attraktiven Assistentin Mona. Zwar sagt Maik das nicht direkt, meint aber, dass er es gut findet, dass sein Vater nicht versucht, »irgendein großes Theater abzuziehen« (S. 70). Später sieht er, wie der Vater seinen Arm um die Taille der Assistentin legt, was seinen Eindruck bestätigt. Erst die Tatsache, dass der Vater mit Mona zu einem vierzehntägigen »Geschäftstermin« (S. 69) fährt und seinen Sohn in dieser Zeit alleine zu Hause lässt, gibt Maik die Gelegenheit zu seiner Reise.

Gestörte Vater-Sohn-Beziehung

Josef Klingenberg hat kein besonders tiefes emotionales Verhältnis zu seinem Sohn. Er gibt ihm Anweisungen, lässt ihm Geld da, kümmert sich aber nicht um Maik und dessen Gefühle. Er scheint sich überhaupt keine Gedanken darüber zu machen, wie es für Maik ist, die Ferien ganz alleine verbringen zu müssen.

Auch vor Gewalt schreckt er nicht zurück: Am Tag vor der Gerichtsverhandlung schlägt er Maik mehrfach heftig ins Gesicht und tritt seinen schon am Boden liegenden Sohn. Er tut dies nicht unbedingt als Strafe für das, was Maik angestellt hat, sondern vielmehr, weil er es als reine Dummheit erachtet, dass Maik Tschick nicht die Alleinschuld geben will: »*Ihr* habt überhaupt keine Scheiße gebaut, du Vollidiot! Dein asiger Russenfreund hat Scheiße gebaut! Und du bist so dämlich, dich da reinziehen zu lassen« (S. 228). Es ist jedoch weniger die Sorge um seinen Sohn, die ihn wütend macht; er fürchtet um sein eigenes Ansehen und um das Ansehen seiner Firma, wenn bekannt wird, dass *sein* Sohn Autos klaut.

## Die Mutter

Der Vorname von Maiks Mutter wird im Roman nicht genannt. Die dominanteste Charaktereigenschaft von Frau Klingenberg ist ihre Alkoholsucht. Maik erzählt, dass sie getrunken hat, seit er denken kann. Während der Alkohol sie früher allerdings noch fröhlich und ausgelassen gemacht hat, wird sie nun oft müde oder mürrisch. Trotz alledem hat sie ein recht gutes Verhältnis zu Maik. Zwar kann sie sich nicht besonders gut um ihn kümmern, ihm keine wirkliche Mutter sein, dennoch mag Maik sie gerne und findet, dass es Schlimmeres gibt, als eine Alkoholikerin als Mutter zu haben (vgl. S. 253) – auch wenn sie beispielsweise nicht in der Lage ist, ihn bei der Auseinandersetzung mit dem Va-

■ Alkoholikerin

■ Gutes Mutter-Sohn-Verhältnis

ter zu schützen. Ihre schwachen Versuche, einzugreifen, als der Vater Maik wiederholt schlägt, scheitern an ihren Schwierigkeiten, das Gleichgewicht zu halten.

Über die Mutter erfährt der Leser, dass sie früher eine hervorragende Tennisspielerin war, die die Vereinsmeisterschaften »auch mit einer Flasche Wodka intus [...] noch gewonnen [hat]« (S. 27). Maik schätzt an ihr, dass sie, im Gegensatz zu vielen anderen Müttern, sehr witzig sein kann. Ein Beleg für ihren Humor ist auch das Umtaufen der Entzugsklinik auf »Beautyfarm«. Schon als Maik noch jünger war, versuchte sie ihm beizubringen, dass es egal sei, was die Leute von einem denken, und dass man über alles reden könne (vgl. S. 28). Diese Einstellung lebt sie auch aus, immerhin sagt sie im Tennisclub ungeniert, dass sie in die Entzugsklinik fährt. Das sehr repräsentative Haus, in dem sie wohnt, und das nach außen hin den schönen Schein zu wahren versucht, spiegelt diese Überzeugung nicht unbedingt wider; am Ende des Romans wirft sie allerdings all die unnötigen Luxusgüter in den Pool – ungeachtet dessen, was die Nachbarn davon denken könnten – und sagt Maik, dass es im Leben nur darauf ankomme, dass man glücklich sei: »Sie zeigte einmal rundum. ›Das ist alles egal. Was nicht egal ist: Bist du glücklich damit? Das. Und nur das‹« (S. 251). Trotz all ihrer Fehler ist die Mutter also eine wichtige Bezugsperson für Maik, die ihm in klaren Momenten wertvolle Ratschläge geben kann.

■ Lebensphilosophie

## Die Mitschüler

Fehlende Integration

Maik ist in den Klassenverband der 8c zwar überhaupt nicht eingebunden, dennoch erwähnt er einige seiner Klassenkameraden in seinem Erzählbericht. Außer Tatjana scheint er allerdings niemanden besonders zu mögen, er wirkt allen gegenüber eher gleichgültig, manchen gegenüber sogar ablehnend. Die Mitschüler, die er mehr als einmal erwähnt, bedenkt er allesamt mit negativen Äußerungen. Für die Handlung spielen die Mitschüler als Individuen nur eine untergeordnete Rolle, im Spiegel der Klasse zeigt sich Maiks Außenseiterrolle aber sehr deutlich – eine Rolle, die letztlich seine Freundschaft mit Tschick und die gemeinsame Reise erst auslöst.

## Tatjana Cosic

Auslöser der Reise

Tatjana Cosic ist laut Maik das schönste Mädchen der Welt (vgl. S. 8). Sie geht in dieselbe Klasse wie er, ist bei allen beliebt und wird von den Jungs umschwärmt. Obwohl Tatjana in der Hauptgeschichte überhaupt nicht vorkommt, hat sie dennoch eine wichtige Funktion innerhalb des Romangeschehens inne: Sie ist der Auslöser für Maiks Flucht aus seiner gewohnten Umgebung und der Grund, warum Maik Tschicks verrückter Idee einer gemeinsamen Reise überhaupt zustimmt. Maik selbst erklärt zu Beginn des Romans, als er auf der Polizeistation ist, dass er ohne Tatjana überhaupt nicht hier wäre (vgl. S. 8). Der

Grund dafür ist, dass Tatjana ihn nicht zu ihrer großen Geburtstagsparty eingeladen hat, was für Maik eine herbe Enttäuschung gewesen ist – vor allem, weil sie »sonst alles eingeladen [hatte], was laufen konnte« (S. 92). Erst dadurch wird Maik so richtig klar, dass sie ihn tatsächlich nicht wahrnimmt. Aus Frust will Maik aus Berlin flüchten. Unterwegs stellt er sich immer wieder vor, dass Tatjana ihn sehen könnte. Sie begleitet ihn also auf seinem Abenteuer, obwohl sie von dieser Reise tatsächlich überhaupt nichts weiß. »Ich hab mir immer vorgestellt, Tatjana steht hinter uns und sieht, was wir sehen, und freut sich, wie wir uns freuen« (S. 8).

Tatjana ist vierzehn Jahre alt, 1,65 m groß und wohnt in einem weißen Mietshaus. Sie ist gut in Sport und Englisch und ein großer Fan der Sängerin Beyoncé. Viel mehr kann Maik nicht über sie sagen, er kennt sie also nicht richtig, er weiß bloß, »was jeder weiß« (S. 23). Ihr Aussehen beschreibt Maik nicht näher, da er es nicht für nötig hält: »Weil, kann sich ja jeder vorstellen, wie sie aussieht: Sie sieht super aus. [...] Sie ist einfach insgesamt super« (S. 23).

Als Maik und Tschick ohne Einladung, aber mit der Beyoncé-Zeichnung, auf ihrer Party auftauchen, ist sie vollkommen verblüfft. Zu dem Bild selbst sagt sie nichts. Dies kann zwei Gründe haben: Entweder ist sie tatsächlich so irritiert, dass sie nicht reagiert, oder aber Maik, der ja rückblickend davon berichtet, erinnert sich nicht mehr, dass sie etwas gesagt hat, da er während der ganzen Aktion selbst so aufgeregt war.

Dennoch ist Tatjana durch das Geschenk auf Maik aufmerksam geworden. Nach den Sommerferien behandelt sie Maik nicht mehr wie Luft und möchte wissen, woher seine Verletzungen stammen.

### André Langin

Der Mädchenschwarm

André Langin, »der schöne André« (S. 33), ist ein Jahr älter als Maik, da er einmal sitzengeblieben ist. Bei den Mädchen ist er sehr beliebt, es ist also kein Wunder, dass er jede Woche eine andere Freundin hat und ihm beim Sport zugejubelt wird. Maik hegt vom ersten Augenblick an eine große Abneigung gegen André und bezeichnet ihn als »Arschloch« (S. 33), gibt allerdings zu, dass das nicht ganz einfach sei, denn André ist »nicht komplett hohl« (S. 33) und kann auch nett sein. André ist verantwortlich dafür, dass Maik seinen Spitznamen »Psycho« wieder verliert: »Warum heißt der eigentlich Psycho? Der ist doch total langweilig« (S. 35).

Andrés Vater ist »Politiker, Stadtrat oder so was« (S. 34), weshalb die Langins sehr wohlhabend sind. Die Tatsache, dass André sich bei der Schuluntersuchung damit brüstet, eine private Krankenversicherung zu haben, erweist sich für Maik und Tschick später als sehr hilfreich. Maik erinnert sich an den ungefähren Namen von Andrés Versicherungsgesellschaft und meldet Tschick im Krankenhaus einfach unter dessen Namen an.

## Lutz Heckel

Lutz Heckel ist »eine Tonne auf zwei Stelzen« (S. 38) und in keinem Schulfach gut, in Sport allerdings besonders schlecht. Maik ärgert sich darüber, dass die Mädchen zwar zuschauen, als der »Mehlsack unter der Latte durchrutscht« (S. 40), bei seinem Rekord-Hochsprung aber keine hinsieht. Lutz Heckel wird Maik und Tschick am Anfang ihrer Reise beinahe zum Verhängnis: Als sie ihn und seine Familie in einer Bäckerei treffen, droht ihr Plan aufzufliegen. Tschicks Geschichte von einer Fahrradtour zu Verwandten scheint jedoch glaubwürdig, und so fragt er nicht weiter nach.

## Weitere Mitschüler

Hans, auch »der Nazi« genannt, erhält ebenfalls keine Einladung zur Party. Auch an ihm lässt Maik kein gutes Haar und beschreibt ihn als »Fußballtrottel, der schwitzend hinterm Feld herkeucht« (S. 37).

Kallenbach, der Klassentrottel, ist wie Maik nicht zu Tatjanas Geburtstag eingeladen. Er ist stark kurzsichtig und Maiks Ansicht nach – die er sich nicht scheut, in Kallenbachs Anwesenheit kundzutun – dumm.

Der 1,90 m große Olaf, der Maiks Aussage zufolge ebenfalls so »dumm [ist] wie ein Haufen Wäsche« (S. 239 f.), verschuldet durch seine Unachtsamkeit, dass der Lehrer Wagenbach Maiks Zettel an Tatjana findet und der Klasse vorliest.

## Die Lehrer

Oberflächliche Pädagogen

Die Lehrer, die Maik in seinen Erzählungen über seine Schulerlebnisse erwähnt, sind allesamt männlich und wirken ihren Schülern gegenüber distanziert. Sie sind zwar unterschiedlich autoritär und gefürchtet, ein verständnisvoller Pädagoge, der die Stärken seiner Schüler sieht und fördert, ist aber nicht dabei. Auch den Problemen ihrer Schüler nehmen sie sich nicht oder nur oberflächlich an. So fällt zwar auch den Lehrern irgendwann auf, dass Tschick oft alkoholisiert im Unterricht erscheint, auch werden einige Gespräche geführt, Weiteres wird aber nicht unternommen.

## Herr Schürmann

Die Reizwortgeschichte

Herr Schürmann ist Maiks ehemaliger Deutschlehrer. Seine in der 6. Klasse als Hausaufgabe aufgegebene Reizwortgeschichte (»Urlaub«, »Wasser«, »Rettung«, »Gott«, S. 24), die Maik zu einem Aufsatz über den Alkoholentzug seiner Mutter veranlasst, sorgt beim Vorlesen in der Klasse für Begeisterungsstürme, der Lehrer hingegen ist alles andere als erfreut. Er unterbricht Maiks Vortrag und nimmt ihn sich in der Pause zur Brust. Maik, der stolz auf seinen seitenlangen Aufsatz ist und eher ein persönliches Lob als eine Abmahnung erwartet, ist reichlich irritiert, als sich Schürmann echauffiert, sein Aufsatz wäre »das Widerwärtigste und Ekelerregendste und Schamloseste, was ihm in fünfzehn Jahren Schuldienst untergekommen sei« (S. 32). Schürmann erkennt nicht, dass Maik über seine realen Familienverhältnisse geschrieben hat und nicht seine Mutter absichtlich diskreditieren wollte. Er schreit Maik an, er solle über das nachdenken, was er da geschrieben habe, Maik aber versteht nicht, was er falsch gemacht hat. »Ich meine, ich hatte ja nichts erfunden oder so« (ebd.).

## Herr Wagenbach

Der Geschichtslehrer Wagenbach ist einerseits »ein autoritäres Arschloch« (S. 41), auf der anderen Seite gibt Maik zu, dass sein Unterricht in Ordnung ist. Wagenbach ist gefürchtet, denn die Schüler wissen, dass mit ihm nicht zu spaßen ist. Es geht sogar das Gerücht um, er habe früher einen Hammer bei sich getragen, mit dem er klingelnde Handys zum Schweigen gebracht habe. Einzig Tschick scheint von Wagenbach nicht sonderlich beeindruckt zu sein: Mit stoischer Ruhe lässt er Wagenbachs Vorstellungsgerede an seinem ersten Schultag über sich ergehen und geht auf dessen Aufforderungen in keiner Weise ein. Seinem Ruf wird Wagenbach nach dem Ende der Sommerferien gerecht, als er den Briefwechsel zwischen Tatjana und Maik abfängt und ihn der ganzen Klasse vorträgt.

■ Berüchtigt und gefürchtet

## Herr Kaltwasser

■ Die »Maschine«

Den Deutschlehrer Herrn Kaltwasser beschreibt Maik als eine »Maschine«, die ohne Begrüßung noch in der Tür mit dem Unterricht anfängt und nach 45 »superkorrekt[en]« (S. 53) Minuten den Raum wieder verlässt. Seinen Unterricht findet er ganz okay, aber menschlich begreift Maik seinen Deutschlehrer nicht. Deshalb ist es für ihn auch nicht allzu verwunderlich, dass Kaltwasser kaum eine merkliche Reaktion auf Tschicks Verschwörungstheorie zu Brechts Parabel zeigt (vgl. S. 54).

## Herr Strahl

■ Kein beliebter Lehrer

Herr Strahl ist der Mathematiklehrer der 8c. Auch er ist nicht unbedingt ein beliebter Pädagoge und zelebriert die Rückgabe der Klassenarbeit, indem er durch das Anschreiben des Klassenspiegels die Angst seiner Schüler schürt. Tschicks dauerndes Auf und Ab auf der Notenskala scheint ihn zu verwirren, allerdings versucht er, mit Tschick zu sprechen, nennt ihm Namen von Mitschülern, die ihm mit dem Stoff helfen können, und beruhigt ihn, dass die Sechs, die er in der Klassenarbeit geschrieben hat, »sozusagen in Klammern« (S. 51) steht.

## Herr Wolkow

Der Sportlehrer Wolkow hält gern Vorträge über Fußball und läuft währenddessen mit den Jungs der Klasse endlose Runden um den Platz. »Wenn Wolkow eine mittelschwere Halsentzündung hat, schwafelt er etwas weniger. Wenn Wolkow tot ist, fällt der Unterricht aus. Aber wenn er eine extrem schlimme Halsentzündung hat, joggt er einfach lautlos um den Platz« (S. 37). An einem solchen Tag, als Wolkow eine extrem schlimme Halsentzündung hat, stellt Maik seinen Hochsprungrekord auf – die Gelegenheit, so glaubte er, um Tatjanas Aufmerksamkeit auf sich zu ziehen.

■ Der Schwafler

## Begegnungen auf der Reise

Unterwegs auf ihrer Reise machen Maik und Tschick viele, teils skurrile Bekanntschaften. Die erste sehr verwunderliche Begegnung machen sie mit dem »Adel auf dem Radel« (S. 124), einer Gruppe blaublütiger Fahrradfahrer, die von Gut zu Gut fahren. Maik und Tschick wollen erst gar nicht glauben, dass es so etwas gibt: »Vielleicht war vor der örtlichen Clownsschule auch gerade eine Ladung Koks ausgekippt worden« (S. 124), so Maiks verwunderte Reaktion auf das Gespräch mit einem Mädchen aus der Gruppe.

■ Irritierende Begegnung

Es folgen weitere Begegnungen, die Maik im Gedächtnis bleiben – vor allem, weil er bei den meisten Bekanntschaften von der Freundlichkeit und Hilfsbereitschaft der Menschen positiv überrascht ist.

**Positive Erfahrungen: Begegnungen auf der Reise**

**Friedemann und Familie**
- »tolle, spinnerte Leute« (S. 134)
- gastfreundlich: lädt die Jungs zum Essen ein

**Isa Schmidt**
- mag Maik, zeigt Interesse
- hält Kontakt nach der Reise

**Horst Fricke**
- schießwütiger Gastgeber
- Lebensweisheit: »Carpe diem« (S. 188)

»[D]er Mensch war zu 99 Prozent schlecht. [...] Aber das Seltsame war, dass Tschick und ich auf unserer Reise fast ausschließlich dem einen Prozent begegneten, das nicht schlecht war.« (S. 209)

**Sprachtherapeutin**
- hilfsbereites »Flusspferd« (S. 190)
- bringt Maik und Tschick ins Krankenhaus
- hilft finanziell

**Herr Reiber**
- auch nachts um vier amüsiert (vgl. S. 208)
- verrät Maik nicht am Telefon
- bietet seine Hilfe an

**Krankenschwester Hanna**
- freundlich und fürsorglich
- gibt Maik Spitznamen: »Maikipaiki«, »Schweinemörder« (S. 16)

Abb. 3: Begegnungen auf der Reise

## Friedemann und seine Familie

Alternatives Familienbild

Besonders fasziniert sind Maik und Tschick von dem Mittagessen mit Friedemann und seiner Familie, die sie auf der Suche nach einem Supermarkt kennenlernen. Weder Sohn noch Mutter können den beiden den Weg zum nahe gelegenen Supermarkt nennen, da sie selbst ausschließlich bei Froehlich, dem örtlichen Hofladen, einkaufen. Den Hunger der beiden Reisenden kann die Mutter aber dennoch stillen – sie lädt Maik und Tschick kurzerhand zum Mittagessen ein. Maik ist zunächst skeptisch, doch die Gastfreundschaft und Selbstverständlichkeit, mit der die beiden zu Friedemann und seinen vier Geschwistern an den Tisch gesetzt werden, überrascht auch ihn positiv. Dass das Essen ein kulinarisches Hocherlebnis ist und die Mutter bei der Verteilung der unterschiedlich großen Nachtischportionen zum Quizmaster wird, trägt noch zur Besonderheit dieser Bekanntschaft bei. So resümiert Maik die Einladung mit den Worten: »Es waren tolle, spinnerte Leute. Die nett waren und ein bisschen durchgeknallt, verdammt gutes Essen machten und außerdem wahnsinnig viel wussten – außer wo der Supermarkt ist« (S. 134).

### Horst Fricke

Horst Fricke empfängt die beiden Reisenden nicht besonders freundlich. Das erste, was Maik und Tschick von ihm zu sehen bekommen, ist der Lauf seines Gewehres. Der alte Mann, der ganz alleine in einem verlassenen Dorf lebt, lädt die beiden nach anfänglichem Beschuss zu einer Limonade ein. Horst Fricke lebt als Einsiedler in einem heruntergekommenen, verdreckten Haus mit unzähligen Schwarzweißphotographien an der Wand. Er scheint sich schon lange aus der Zivilisation verabschiedet zu haben, denn er fragt Maik und Tschick, »ob Berlin sich wirklich so verändert hätte und ob man da noch unbehelligt über die Straße gehen könnte« (S. 184). Er interessiert sich aber vor allem dafür, ob Maik und Tschick Freundinnen haben, und nimmt das zum

Eremit und Kriegsveteran

Anlass, den beiden von seiner großen Liebe Else zu erzählen, die im Zweiten Weltkrieg im Konzentrationslager ermordet wurde, da sie den Juden Literatur übersetzt habe. Fricke selbst kämpfte im Strafbataillon gegen Russland und ist nach all den Jahren immer noch stolz auf seine Trefferquote: »Horst Fricke, bester Schütze seiner Einheit. Ich hatte mehr Eichenlaub an meiner Brust als ein verdammter Wald. Wie Tontauben hab ich die weggeknallt« (S. 187). Vor allem Tschick ist sehr skeptisch in Bezug auf all diese drastischen Erzählungen: »Das ist doch alles Schwachsinn« (S. 188). Der alte Mann gibt den beiden neben einer Art Lebensweisheit (»Alles sinnlos. Auch die Liebe. Carpe diem«, S. 188) noch ein kleines braunes Fläschchen undefinierbaren Inhalts mit auf den Weg, das sie aber aufgrund des Gestankes lieber schnell entsorgen.

■ »Carpe diem«

### Die Sprachtherapeutin

Eine ganz andere Art von Mensch ist die Sprachtherapeutin, deren körperliche Ausmaße Maik an ein »Flusspferd« (S. 190) erinnern, die aber trotz ihres voluminösen Körperumfangs wie ein kleines Mädchen kichert (vgl. S. 195). Sie hat den ersten Unfall der beiden beobachtet und eilt sofort mit einem Feuerlöscher zu Hilfe. Zunächst wirkt sie fast schon hysterisch, erweist sich dann aber nicht nur als sehr hilfsbereit, sondern auch als tatkräftig. Vor Schreck lässt sie zwar erst einmal ihren Feuerlöscher auf Tschicks Fuß

■ Impulsive Hilfsbereitschaft

fallen, beschließt aber dann, den jungen Mann selbst ins Krankenhaus zu fahren. Sie ist eine resolute Frau, die keine Widerworte zulässt, Tschick kurzerhand schultert und in ihren Wagen verfrachtet. Ihre Impulsivität spiegelt sich auch in ihrem Fahrstil wider: »Wenn Hindernisse vor uns auftauchten, hupte die Frau oder blendete auf, und wenn das nichts half, raste sie in aller Seelenruhe auf der Standspur an den anderen vorbei« (S. 195).

Auch im Krankenhaus fühlt sie sich immer noch für die beiden verantwortlich, kauft ihnen Snacks und wartet stundenlang auf Tschicks Untersuchung. Als sie sich schließlich verabschiedet, gibt sie ihnen noch zweihundert Euro für die Bahnfahrt zurück nach Hause. Maik ist merklich beeindruckt von ihrer Großzügigkeit und ihrer Fürsorge: »[…] sie war wirklich die Netteste von allen« (S. 201).

## Weitere Figuren

Unerwartete Hilfe

Mit der Bekanntschaft der Sprachtherapeutin ist die Erfahrung der Hilfsbereitschaft fremder Menschen für Maik aber noch nicht beendet. Zu erwähnen ist noch Herr Reiber, dessen Nummer Maik im Krankenhaus zufällig wählt, als er der Krankenschwester vorspielt, seine Tante Mona anzurufen. Vollkommen unerwartet spielt Herr Reiber bei Maiks fiktivem Telefonat mit. Maik ist perplex und im positiven Sinne überrascht, denn mit so etwas hatte er nicht gerechnet: »Wenn er aufgelegt hätte oder rumgeschrien, das hätte ich noch verstanden, nachts um vier. Aber dass er sich die ganze Zeit amüsierte und uns seine Hilfe anbot – alter Finne« (S. 208 f.).

Die Krankenschwester Hanna, die sich nach dem Unfall um Maik kümmert und ihm jeden Tag neue Spitznamen gibt, und der Richter Burgmüller, der »nicht gerade endbescheuert war« (S. 236) und Maik trotz »stundenlanger[r] moralischer Ermahnungen« (ebd.) sehr vernünftig erscheint, gehören an sich nicht mehr zu den Figuren, die Maik und Tschick unmittelbar auf der Reise begegnen. Da aber sowohl Maiks Krankenhausaufenthalt als auch die Gerichtsverhandlung an die Reise anschließen, seien sie an dieser Stelle zumindest kurz erwähnt.

# 4. Form und literarische Technik

## Die Frage des Genres

Viele haben versucht, den Roman *Tschick* einem bestimmten Genre zuzuordnen. Liegt der Fokus der näheren Betrachtung auf der Entwicklung, die die beiden Protagonisten im Verlauf der Handlung machen, ist von einem Jugend- oder Entwicklungsroman bzw. einer Coming-of-Age-Geschichte die Rede. Dabei liegt der Schwerpunkt auf der Identitätsfindung und damit verbundenen Problemen im Leben heranwachsender Jugendlicher. Rückt eher das erlebnisreiche Reisen, das kühne und ungewisse Unterwegssein in den Vordergrund, wird *Tschick* als Abenteuerroman oder als Roman wie ein Roadmovie, eine »Road Novel«, bezeichnet. All diese Versuche, *Tschick* näher zu analysieren, haben ihre Berechtigung – keiner erweist sich allein als erschöpfend. Die Struktur der Haupthandlung ähnelt tatsächlich dem Genre des Roadmovies, dem beispielsweise Filme wie *Thelma & Louise* (1991) oder *Friendship!* (2010) angehören. Wichtigstes Motiv hierbei ist das Unterwegssein, es spielt keine Rolle, ob die Reise ein konkretes Ziel hat oder ob sie Selbstzweck bleibt. Die Episodenhaftigkeit des Roadmovies, die es dem Rezipienten ermöglicht, die Protagonisten auf verschiedenen Stationen ihrer Reise zu begleiten, ihre Erlebnisse zu teilen, sie bei der Lösung ihrer Probleme zu beobachten und ihre Bekanntschaften mitzuerleben, ist ein wesentliches Charakteristikum dieses Genres. Auch wenn die

■ Entwicklungsroman

■ Eine »Road Novel«?

Fahrt mit dem gestohlenen Lada den elementaren roten Faden des Romans bildet, ist gegen eine reine Zuordnung zum Genre der »Road Novel« einzuwenden, dass die Reise erst nach rund hundert Seiten beginnt.

■ Eine Heldenreise?

Auch das Schema der Heldenreise kommt in Bezug auf *Tschick* immer wieder zur Sprache. Es handelt sich dabei um ein archetypisches Grundmuster von Situationsabfolgen, die der Held bzw. Protagonist einer Erzählung durchlebt. Der Held (hier: Maik) wird zum Aufbruch ins Abenteuer gerufen (hier: von Tschick), er verwehrt sich diesem Ruf aber zunächst. Schließlich überwindet er sein Zögern und bricht auf, um sein Abenteuer zu beginnen. Auf seiner Reise ins Unbekannte macht er Erfahrungen, die ihn verändern, und wird mit zahlreichen Schwierigkeiten und Bewährungsproben konfrontiert, erhält aber Hilfe von außen. Er zögert, in seinen vormals unzufriedenstellenden Alltag zurückzukehren, wird aber schließlich zur Rückkehr bewegt. Dies geschieht häufig durch äußere Einflüsse. Nach der Rückkehr gilt es, die neuen Erfahrungen und Erkenntnisse in den eigenen Alltag zu integrieren.

Tatsächlich finden sich einige Merkmale der Heldenreise[5] auch im Roman wieder. Von der Möglichkeit des Ausbruchs aus einer schwierigen Situation über den konkreten Aufbruch zur Reise und der Konfrontation mit verschiedenartigen Schwierigkeiten,

5 Vgl. Christopher Vogler, *Die Odyssee des Drehbuchschreibers. Über die mythologischen Grundmuster des amerikanischen Erfolgskinos,* Frankfurt a. M. [6]2010.

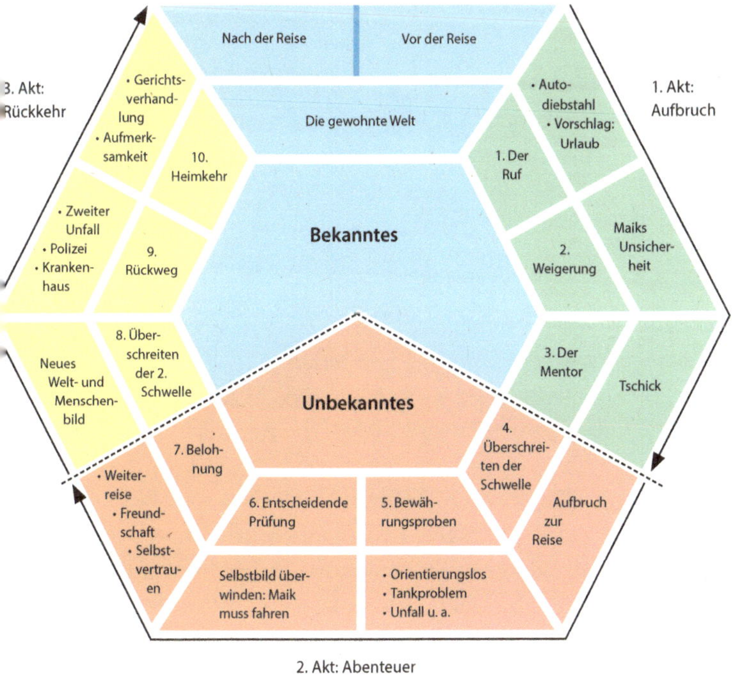


Abb. 4: Die Heldenreise

die es zu lösen gilt, bis hin zur gestärkten Rückkehr in den Alltag lassen sich die Grundzüge einer typischen Heldenreise in *Tschick* festmachen.

Unabhängig von Vorbildern oder Kategorisierungen bleibt als Essenz der strukturellen Untersuchung des Romans festzuhalten, dass das Motiv der Reise, an deren Ende ein Erfahrungsgewinn steht, das Hauptcharakteristikum des Romans darstellt.

## Erzählverhalten und Erzählform

Personaler Ich-Erzähler

Maik Klingenberg ist der personale Ich-Erzähler des Romans. Alles, was er erzählt, ist unter dem Vorbehalt zu betrachten, dass seine Sichtweise auf die Dinge geschildert wird, dass es sich hierbei um seine Gedanken, Erinnerungen und Eindrücke handelt, die somit immer stark subjektiv eingefärbt sind. So müssen sich beispielsweise die Dialoge, die Maik wiedergibt, nicht genau so abgespielt haben. Er berichtet aus seiner Erinnerung von ihnen und – und das ist noch entscheidender – hat ihnen nicht als neutraler Beobachter beigewohnt, sondern war selbst Teil des Geschehens.

Aufbrechen der Chronologie

Der Erzähler beginnt mit seiner Geschichte auch nicht an ihrem Anfang, sondern durchbricht die Chronologie der Ereignisse, indem er das Ende der Reise vorwegnimmt und retrospektiv bzw. in der Rückschau berichtet, wie es zu der Ausgangssituation im ersten Kapitel kam. Der Erzählaufbau ähnelt somit gewissermaßen dem des analytischen Dramas[6], das in der Regel damit beginnt, dass es eine Situation als vorübergehenden Abschluss eines Geschehens präsentiert. Die Geschichte wird dann bis an ihren Ausgangspunkt zurückverfolgt, und schließlich werden die Folgen aufgezeigt. Entsprechend schließt sich am Ende von Kapitel 44 der Kreis zu den ersten vier Kapiteln: Nach der Kollision mit dem serbischen Schwei-

6 Vgl. *Reallexikon der deutschen Literaturwissenschaft,* Bd. 1, hrsg. von Klaus Weimar [u. a.], Berlin ³1997, S. 81.

| | Kapitel 1–4 | Kapitel 5–44 | Kapitel 45–49 |
|---|---|---|---|
| **Aufbrechen der Chronologie** | Vorwegnahme:<br>• Ende der Reise<br>• Situation als vorübergehender Abschluss des Geschehens | retrospektive Schilderung der Ereignisse | Nachspiel:<br>• Folgen der Reise<br>• Chronologischer Anschluss an Kapitel 1–4 |
| **Zeitliche Abfolge der Geschehnisse** | Unmittelbarer Einstieg in das Geschehen:<br>• Befragung auf der Polizeistation<br>• mehrere Tage Aufenthalt im Krankenhaus | Rückblick: Ende der Osterferien bis Ende der Sommerferien 2010<br>• Erinnerungen an vergangene Schuljahre (Kap. 5–8)<br>• Bekanntschaft mit Tschick, gemeinsame Schulzeit (Kap. 9–18)<br>• Reise: ca. 9 Tage (Kap. 19–44) | • letzte Ferientage zu Hause<br>• Gerichtsverhandlung in den Ferien<br>• Schulbeginn nach den Sommerferien (S. 237) |

netransporter wird Maik von der Polizei auf der Autobahn aufgegriffen und sagt selbst: »Und den Rest habe ich ja schon erzählt« (S. 226). Die Kapitel 45 bis 49 stellen dann das Nachspiel der Reise dar und werden in chronologischer Reihenfolge erzählt.

Erzählte Zeit

Der Zeitraum, den die Romanhandlung umfasst (erzählte Zeit), erstreckt sich über die Zeit vom Ende der Osterferien (Tschick kommt neu in die Klasse) bis hin zu den ersten Schultagen nach den Sommerferien. In seinen Erzählungen geht Maik weit in seiner Kindheit zurück und berichtet beispielsweise von seinem Freund in der Grundschule oder von Kindheitserinnerungen an Besuche im Tennisclub. Wie lange Maik und Tschick tatsächlich mit dem Lada unterwegs sind, wird nicht genau gesagt. Zählt man Maiks ungefähre Angaben der Tageszeit oder der Lichtverhältnisse zusammen, so lassen sich beim Lesen neun Übernachtungen festmachen: Man darf sich jedoch nicht darauf verlassen, dass Maik tatsächlich von jeder einzelnen Etappe der Reise berichtet, ohne etwas auszulassen. Dennoch ist davon auszugehen, dass die beiden etwas über eine Woche unterwegs sind. Zum einen ist Maiks Vater nur für zwei Wochen verreist, und zum anderen unterhalten sich Maik und Tschick nach ihrer »Flucht« aus dem Krankenhaus »über die aufregendste und tollste Woche [ihres] Lebens« (S. 213).

Zeitliche Eingrenzung

Auf der Reise

Den Anfangspunkt der Reise markiert die »Nacht auf Sonntag« (S. 101). Um vier Uhr früh beladen Maik und Tschick den Lada und brechen anschließend auf. Die erste Nacht verbringen die beiden bei Gewitter im Auto auf freiem Feld. In der darauffolgenden Nacht, nach dem Intermezzo mit Lutz Heckel in der Bäckerei und dem ersten Nummernschildertausch, machen sie Station an der Aussichtsplattform (vgl. S. 119 ff.). Es folgen die Episode mit dem Besuch bei

Friedemanns Familie und die Verfolgungsjagd mit dem Dorfsheriff, in deren Folge Maik und Tschick getrennt werden. Maik berichtet, dass er »die halbe Nacht in diesem Gebüsch« (S. 139) verbringt und beim ersten Morgenlicht zurück zur Aussichtsplattform fährt, in der Hoffnung, Tschick dort wiederzutreffen. Wo sie die nächste Nacht verbringen, erzählt Maik nicht. »Am nächsten Tag« (S. 144) ist die einzige Zeitangabe, die Maik macht. Es wäre also auch möglich, dass sie die Nacht durchgefahren sind, nachdem sie sich abends wiedergetroffen haben. Der nächste Tag ist geprägt von der Überlegung, wie am besten an Benzin heranzukommen sei, und der anschließenden Suche nach Hilfsmitteln auf der Mülldeponie, wo sie Isa treffen. Auf dem Rückweg von der Müllhalde zur Tankstelle sehen sie »[l]inks über der Autobahn [...] die ersten Sterne« (S. 159), was die nächste Nacht ankündigt. Von einer Übernachtung berichtet Maik auch an dieser Stelle nicht – nachdem der Lada betankt ist, ist die nächste zeitlich relevante Angabe, die er macht, dass sie »der Sonne nach« (S. 165) auf einer Landstraße fahren. Es folgt die Übernachtung an dem Bergsee. Während Tschick »[f]rüh am nächsten Morgen« (S. 169) losgeht, um Frühstück zu besorgen, liegt Maik »noch im Halbschlaf auf der Luftmatratze« (S. 169). Als sie später an diesem Tag auf dem Berggipfel stehen, macht Maik eine der seltenen exakten Zeitangaben: »Am 17. Juli, um fünf Uhr nachmittags« (S. 175). Auf den Abstieg vom Berg folgt die Weiterfahrt. Maik erwähnt zwar nichts von einer weiteren

■ exakte Zeitangabe

Übernachtung am See, aber da es auf dem Gipfel bereits Spätnachmittag ist und Maik während der Weiterfahrt von »Mittagshitze« (S. 178) spricht, ist davon auszugehen, dass inzwischen wieder eine Nacht vergangen ist. Schließlich machen sie die Bekanntschaft mit Horst Fricke, es folgen der erste Unfall und die Nacht im Krankenhaus, aus dem sie dann im Morgengrauen wieder flüchten. Im Krankenhaus ist Tschick »kurz vor Mitternacht« (S. 201) immer noch nicht untersucht worden, »nachts um vier« (S. 208) telefoniert Maik mit Herrn Reiber alias Tante Mona. Die letzte Nacht vor dem Unfall mit dem Schweinetransporter, der den endgültigen Schlusspunkt der Reise markiert, verbringen Maik und Tschick wieder im Auto: »Wir fuhren bis zur Dämmerung auf der Autobahn und bogen dann wieder aufs Land ein […]« (S. 217). »Am nächsten Tag« (S. 221) fahren sie dann wieder auf die Autobahn. Nach dem Unfall wird Maik von der Polizei mitgenommen (vgl. S. 226), es folgen die Befragung auf der Polizeistation und der Aufenthalt im Krankenhaus. Wie lange Maik im Krankenhaus ist, wird nicht gesagt. Klar ist, dass es mehrere Tage sind, denn seine Lieblingskrankenschwester Hanna wechselt »jeden Tag« (S. 16) Maiks Verband und der Arzt hat mit Maik »vor ein paar Tagen schon mal« (S. 18) über seine Schweigepflicht ihm gegenüber gesprochen. Die Gerichtsverhandlung findet noch in den Sommerferien statt, Maik erwähnt nach dem Streit mit seinem Vater, dass Tschick seit dem Unfall in einem Heim ist, »und das war jetzt schon vier Wochen

■ Nach der Reise

her« (S. 231). Es folgt die »[e]rste Stunde am ersten Tag nach den Sommerferien« (S. 237) und zum Schluss die vage Angabe, dass Maik »[i]rgendwann« (S. 249) den Brief von Isa erhält. Diese Andeutung lässt sich aber durch Isas Brief konkretisieren. Sie schreibt, dass sie »[n]ächste Woche« (S. 250) nach Berlin kommt und Maik am »Sonntag, den 29. um 17 Uhr« (S. 250) treffen will. Es ist zu vermuten, dass damit der 29. August gemeint ist. Zeitlich spielt die Handlung im selben Jahr, in dem auch der Roman erschienen ist: 2010. Das wird klar aus Maiks Vorschlag, sich fünfzig Jahre später, genau am 17. Juli 2060, wieder auf dem Berg zu treffen (vgl. S. 175).

■ Jahr der Handlung: 2010

Das Erzähltempo des Romans variiert. Dialoge werden beispielsweise oft deckend erzählt, was bedeutet, dass das Verhältnis von erzählter Zeit (die Zeit, die in der Erzählung wiedergegeben wird) und Erzählzeit (die Zeit, die für die Erzählung bzw. das Erzählen selbst gebraucht wird) nahezu identisch ist: »›Wovon redest du?‹ ›Der Lada und ab.‹ ›Das ist nicht ganz das, was *normale* Leute machen.‹ ›Aber könnten wir, oder?‹ ›Nee. Drück mal auf Start‹« (S. 96). Einzelne Szenen, wie zum Beispiel der Unfall mit dem Schweinetransporter und Maiks Gedanken vor der Kollision, werden zeitdehnend geschildert: »In absoluter Stille glitten wir auf diese Räder zu, und ich dachte, jetzt sterben wir also. Ich dachte, jetzt komme ich nie wieder nach Berlin, jetzt sehe ich nie wieder Tatjana« (S. 223). Viele Episoden der Reise weisen im Gegensatz dazu ein zeitraffendes Erzählen auf: »Eine

■ Erzähltempo

Stunde nach der anderen saß ich oben auf der Mauer und wartete« (S. 141).

## Sprache und Stil

■ Konzeptionelle Mündlichkeit

Die Sprache des Romans versucht, Mündlichkeit direkt wiederzugeben. Dadurch entsteht der Eindruck, dass der Erzähler tatsächlich im Moment etwas erzählt, also spricht, und seine Worte nicht den schriftlichen Konventionen anpasst. Die Redeweise des Erzählers ist umgangssprachlich, sie folgt auch nicht immer dem grammatisch korrekten Satzbau. Und wie jeder Mensch hat auch Maik bestimmte Wörter bzw. Redewendungen, die er immer wieder verwendet, wie zum Beispiel den Ausspruch »Alter Finne«, wenn ihn etwas beeindruckt oder überrascht, oder die Beschreibung »den Stecker ziehen«[7], die Maik an einigen Stellen verwendet, um zum Ausdruck zu bringen, dass ihn etwas besonders berührt. Herrndorf, der selbst Mitte vierzig war, als er den Roman verfasste, erweckt den Eindruck der Authentizität mit seinem Protagonisten, einem vierzehnjährigen Sprecher, und entgeht der bei Jugendbüchern stets mitschwingen-

■ Jugendsprache

7 Die Redewendung »den Stecker ziehen« findet sich auch in Herrndorfs Blog *Arbeit und Struktur* an einigen Stellen. Ob Herrndorf seinem Protagonisten die eigenen Redewendungen in den Mund legt oder ob sich der Autor beeinflussen lässt, bleibt Spekulation. Vgl. bspw. Wolfgang Herrndorf, »Acht. 22. 9. 2010, 13:11«, in: W. H., *Arbeit und Struktur*, Berlin 2013, S. 94. (Auch online einsehbar unter: www.wolfgang-herrndorf.de, Stand: 2. 2. 2018)

den Gefahr einer verfälschten und aufgesetzt wirkenden Annäherung an das jugendliche Publikum. Die Kritiker sind sich einig, dass ihm dies gelungen ist und loben die Sprache, die den Eindruck vermittelt, hier spräche tatsächlich ein Teenager, ohne dabei übertrieben zu wirken. »Wenn man erst anfängt, mit Slang um sich zu schmeißen, wird man doch schon im nächsten Jahr ausgelacht«, entgegnete Herrndorf auf die Feststellung seiner Schriftstellerkollegin und Freundin Kathrin Passig, dass er in *Tschick* sparsam mit generationsspezifischen Ausdrücken umgehe. Auch wenn er nicht wisse, womit 1995 Geborene heutzutage ihre Zeit verbrächten, finde er es nicht problematischer, einen Jugendlichen sprechen zu lassen als beispielsweise »Handwerker, Ärzte oder Lokführer«[8].

8 Wolfgang Herrndorf im Gespräch mit Kathrin Passig (s. Anm. 1).

# 5. Quellen und Kontexte

## Inspiration und Entstehung

Zurück in die eigene Lesevergangenheit

Seine Entstehung verdankt *Tschick* einem Ausflug seines Autors in die eigene Lesevergangenheit:

> »Um 2004 rum hatte ich eine Zeit lang alte Jugendbücher wiedergelesen, alles, was ich als Kind gemocht hatte, einerseits um zu schauen, wie sich das gehalten hatte, andererseits um herauszufinden, was für ein Mensch ich mit zwölf oder fünfzehn gewesen war. Bei manchen Sachen sehr bizarr […], die meisten aber erstaunlich gut, bessere Bücher vielleicht nie gelesen: *Pik reist nach Amerika*, *Arthur Gordon Pym*, *Herr der Fliegen*, *Der Seeteufel* (Luckner), *Huckleberry Finn*«[9],

schreibt Herrndorf in seinem Blog. Das Schema dieser Werke – jugendliche Ausreißer unterwegs ins Unbekannte – kombiniert er mit Elementen der Heldenreise (s. S. 56 f.).

Intertextualität

Indem Herrndorf selbst konkrete Texte als Inspirationsquelle und literarische Vorlagen nennt, regt er eine intertextuelle Lesart seines Romans an.

Antje Arnold ruft mit Fasil Iskanders *Tschik. Ge-*

9 Wolfgang Herrndorf, »Rückblende, Teil 3: Ein Telefonat«, in: W. H., *Arbeit und Struktur*, Berlin 2013, S. 112 f. (Auch online einsehbar unter: www.wolfgang-herrndorf.de, Stand: 2. 2. 2018)

*schichten aus dem Kaukasus* einen Prätext auf den Plan, der weniger bekannt ist als die oben genannten, der aber nicht nur wegen des Titels zu Herrndorfs *Tschick* in Bezug gebracht werden kann, sondern mit diesem auch thematisch einige Verwandtschaft aufweist. Iskander erzählt sechs Geschichten um seinen Protagonisten Tschik, der auf einem Hof in Abchasien lebt und verschiedene Abenteuer erlebt. Arnold stellt Ähnlichkeitsbezüge zwischen den beiden Werken her, wie zum Beispiel das Nachdenken über die Unendlichkeit und das Weltall.[10] Wie Maik und Tschick auf dem Rücken liegend den Sternenhimmel betrachten und sich dabei fragen, ob da oben noch etwas sei, »gerührt und erschrocken gleichzeitig« (S. 122) über die unendlichen Weiten, grübelt auch Iskanders Tschik darüber nach, ob das Weltall wohl irgendwo ein Ende habe und was sich in diesem Fall dahinter befinden möge: »[…] Tschiks Betrachtungen über das Weltall und seinen Bau [begannen] immer mit sanfter Wehmut, verbunden mit süßen Schauern.«[11]

Intermedialität

Neben intertextuellen Bezügen finden sich auch intermediale Referenzen in *Tschick*, es werden Filme, PC-Spiele oder Bands zitiert. Macht Herrndorf sich in seinem Blog darüber lustig, dass »Songtextzitate so-

10 Vgl. Antje Arnold, »Herrndorfs ›kaputtes Werk‹. Intertextualität in *Tschick* und *Bilder deiner großen Liebe*«, in: Jan Standke (Hrsg.), *Wolfgang Herrndorf lesen. Beiträge zur Didaktik der deutschsprachigen Gegenwartsliteratur*, Trier 2016, S. 140 f.

11 Fasil Iskander, *Tschik. Geschichten aus dem Kaukasus*. München 1981, S. 146.

wieso als Motto vor jedes Buch [gehören]«[12], greift er selbst auf ein Filmzitat zurück – und ergänzt beschwichtigend: »[...] ich hoffe das geht okay«.[13] Es handelt sich um ein Zitat aus dem Film *Welcome to the Dollhouse*:

> »Dawn Wiener: I was fighting back.
> Mrs. Wiener: Who ever told you to fight back?«

In besagtem Film aus dem Jahr 1995 geht es um die elfjährige Dawn, die sich der Abneigung und dem Spott ihres Umfelds, sowohl ihrer Mitschüler als auch der eigenen Eltern, ausgesetzt sieht und sich dennoch nicht unterkriegen lässt. Auch hier lassen sich Parallelen zu *Tschick* feststellen, wie bspw. das Außenseitertum einer Jugendlichen, die auf der Suche nach ihrem eigenen Weg ist.

## *Bilder deiner großen Liebe* – Folgeroman, Gegenstück, zweiter Blick

Herrndorfs letzter, unvollendet gebliebener Roman *Bilder deiner großen Liebe* ermöglicht dem Leser eine Annäherung an eine Figur aus *Tschick*, die für Maik sehr bedeutsam ist: Isa Schmidt. Ursprünglich als *Tschick*-Fortsetzung geplant, ist das Fragment eher

12 Herrndorf, »Vier. 28. 4. 2010, 20:47«, in: W. H. (s. Anm. 9), S. 49.

13 Herrndorf, »Vier. 28. 4. 2010, 20:47«, in: W. H. (s. Anm. 9), S. 49.

ein Parallel- oder auch Gegenstück zu Herrndorfs Bestseller geworden und legt einen zweiten Blick auf das Zusammentreffen von Maik, Tschick und Isa frei.

Entstehungsprozess: Zuversicht, Resignation, Kompromiss

»*Tschick*-Fortsetzung aus Isas Perspektive angefangen«[14] ist am 19. Juni 2011 in Herrndorfs Blog *Arbeit und Struktur* zu lesen. Die Idee, den Folgeroman Wirklichkeit werden zu lassen, verwirft der Autor jedoch bereits im nächsten Satz wieder: »Mach ich aber nicht. Mach ich nicht.«[15]

Wenige Monate später nimmt er die Arbeit an dem eigentlich ad acta gelegten Projekt dann doch wieder auf. Eine zweite Road Novel scheint dem schwerkranken Herrndorf realisierbarer als seine anderen Ideen: »Mit etwas Rumprobieren einen Ton gefunden, schreibt sich wie von selbst«[16], so der zuversichtliche Eintrag vom 31. März 2012. Auf die Zuversicht folgt einige Monate später, der schwerkranke Herrndorf musste sich zwischenzeitlich einer Hirnoperation unterziehen, die Resignation. »Ich arbeite, ohne voranzukommen, 95-Prozent-Prognose: Isa wird nie fertig«,[17] schreibt er im August desselben Jahres in einer Mail an Kathrin Passig, die gemeinsam mit dem

14 Herrndorf, »Sechzehn. 19. 6. 2011, 13:56«, in: W. H. (s. Anm. 9), S. 213.
15 Herrndorf, »Sechzehn. 19. 6. 2011, 13:56«, in: W. H. (s. Anm. 9), S. 213.
16 Herrndorf, »Sechsundzwanzig. 31. 3. 2012, 15:36«, in: W. H. (s. Anm. 9), S. 316.
17 Zitiert nach: Marcus Gärtner / Kathrin Passig, »Nachwort«, in: Wolfgang Herrndorf, *Bilder deiner großen Liebe. Ein unvollendeter Roman*, hrsg. von M. G. / K. P., Berlin 2014, S. 135.

Mitherausgeber Marcus Gärtner den Entstehungsprozess von *Bilder deiner großen Liebe* im Nachwort des Buches nachzeichnet. Diese Einschätzung bestätigt sich im Folgejahr: »Wenn ich noch eine Chance sähe, *Isa* fertigzustellen, wäre mit dem Blog Schluss [...]«[18], schreibt Herrndorf am 19. April 2013. Sein auf den 1. Juli 2013 datiertes Testament macht unmissverständlich klar, dass seine unvollendeten Projekte der Öffentlichkeit auch nach seinem Tod nicht zugänglich gemacht werden sollen.[19]

Veröffentlichung des Isa-Stoffs

Diese Entscheidung revidiert Herrndorf jedoch wieder und stimmt einer Veröffentlichung des Isa-Stoffs schließlich zu. Seinem Wunsch, den Text aus seinem Fragment-Status herauszuführen und zu beenden, können seine Freunde nicht entsprechen, die Publizierung des Textes halten sie aber dennoch für möglich: »Die Herausgeber würden redigieren, streichen, anordnen, zwischenzeitlich herausgenommene Passagen wieder einfügen, und am Ende sollte ein zusammenhängender Text dastehen, der vorhandene Lücken aber nicht verbirgt«[20], so die mit Herrndorf eine Woche vor seinem Tod besprochene Strategie Gärtners und Passigs. Der Untertitel kündigt an, was sich hinter dem Titel *Bilder deiner großen Liebe* verbirgt – »ein unvollendeter Roman«.

18 Herrndorf, »Neununddreißig. 19. 4. 2013, 17:26«, in: W. H. (s. Anm. 9), S. 405.
19 Vgl. hierzu Gärtner/Passig, in: Herrndorf (s. Anm. 17), S. 136.
20 Gärtner/Passig, in: Herrndorf (s. Anm. 17), S. 138.

*Bilder deiner großen Liebe* ist einerseits hinsichtlich der Erzählstruktur mit *Tschick* verbunden – wieder geht es um das Unterwegssein einer jugendlichen Außenseiterfigur –, andererseits gibt es aber auch intertextuelle Schnittstellen zwischen den beiden Romanen: Die Protagonisten begegnen sich auf ihrer Reise und schildern das Aufeinandertreffen und die gemeinsame Zeit aus ihrer jeweiligen Perspektive.

Geschehnisse, die Maik in *Tschick* ausführlich schildert, werden von Isa in *Bilder deiner großen Liebe* deutlich knapper erzählt. So zum Beispiel die für Maik sehr aufwühlende Situation, als sie auf dem Berg die Schnitzereien Anselm Wails entdecken und er über die eigene Zeitlichkeit nachzudenken beginnt. Schließlich verabreden sie, sich in fünfzig Jahren genau an diesem Ort wiederzutreffen:

> »›Auch wenn wir vorher dreißig Jahre nichts mehr voneinander gehört haben. Dass wir alle wieder hierherkommen, egal, wo wir dann gerade sind, ob wir Siemens-Manager sind oder in Australien. Wir schwören uns das, und dann reden wir nie wieder drüber. Oder ist das blöd?‹ Nein, fanden sie gar nicht blöd. Wir standen um diese Schnitzerei rum und schworen, und ich glaube, wir dachten alle drüber nach, ob das sein könnte, dass wir in fünfzig Jahren noch immer am Leben wären und wieder hier« (S. 175 f.).

In Isas Worten klingt dieselbe Szene so: »Wir fahren über den Berg. Wir verabreden, uns in fünfzig Jahren wiederzutreffen. [...] Ich find's gut, aber ich glaube nicht dran. Entweder man sieht sich vorher oder nie«[21]. Isa klingt abgeklärter, weniger träumerisch und emotional als Maik.[22]

Perspektivwechsel

Auf der anderen Seite eröffnet sich durch die Lektüre von *Bilder deiner großen Liebe* aber auch ein Blick auf die beiden Jungs, vor allem auf Maik, der dem Leser von *Tschick* aufgrund der Erzähltechnik verschlossen bleiben muss. So schildert Isa, wie sie in der gemeinsamen Nacht am See den schlafenden Maik beobachtet:

> »Sein Gesicht ist nachtbleich und friedlich und säuglingshaft, fast wie ein Mädchen sieht er aus. Ich mache magische Bewegungen, ich halte meine Hände über seine Stirn, über die Schläfen, über die geschlossenen Augen mit den langen Wimpern. Ich spüre seine Körperwärme in meinen Handflächen. Er spürt es nicht. Lautlos geborgen und im Schutz meiner Hände und der schirmenden Nacht liegt er da«.[23]

21 Herrndorf (s. Anm. 17), S. 124.
22 Vgl. Elisabeth Hollerweger, »Ver-rückte Welt? Zur De- und Rekonstruktion von Ich – Natur – Gesellschaft in Wolfgang Herrndorfs *Bilder deiner großen Liebe*«, in: Standke (s. Anm. 10), S. 181.
23 Herrndorf (s. Anm. 17), S. 124.

Zuvor im Auto hat sie an Maiks Gesichtsausdruck bereits erkannt, dass er sich in sie verliebt hat, auch wenn er selbst es noch nicht weiß.

Was Tschick betrifft, beweist Isa ebenfalls ein gutes Gespür und Menschenkenntnis: Wenn sie sagt, ihr sei sofort klar gewesen, was mit ihm los sei[24], bezieht sich das aller Wahrscheinlichkeit nach auf Tschicks Homosexualität, die er bisher für sich behalten hat. Darüber hinaus glaubt sie auch, dass er wiederum weiß, was mit ihr los ist – ein möglicher Grund für die gegenseitigen Beschimpfungen und Kabbeleien, denn wer will schon von einer fremden Person durchschaut werden.

Leerstellen füllen sich

Auch wird erst in dem unvollendeten Roman aufgedeckt, was Isa eigentlich in ihrer Holzkiste mit sich herumträgt, denn Maik und Tschick will sie es »ums Verrecken nicht sagen« (S. 168). Isa findet die Kiste auf derselben Mülldeponie, auf der sie die beiden Jungs kennenlernt. Auch sonst ist sie wenig mitteilsam, was ihre Person betrifft: Sie erzählt Maik und Tschick nur Bruchstücke aus ihrer Vergangenheit, doch die beiden glauben ihr nicht, und so heißt es in *Tschick* nur: »[…] alles, was sie erzählte, waren wilde Geschichten« (ebd.).

24 Vgl. Herrndorf (s. Anm. 17), S. 121.

# 6. Interpretationsansätze

## Außenseitertum, Ausbruch, Identitätssuche

■ Zwei Außenseiter

Herrndorf wählt für seinen Roman zwei Protagonisten, die beide Außenseiter sind. Sie gehören keiner Clique an, haben keinen Anschluss in ihrer Klasse. Maik lebt gewissermaßen in seiner eigenen Welt und kann mit seinen Klassenkameraden nichts anfangen. Seine abfälligen Beschreibungen seiner Mitschüler wirken, als blicke er ein wenig spöttisch auf sie hinab. Tschick selbst spricht zwar kaum mit anderen, er wird aber aufgrund seines Äußeren und seines oftmals alkoholisierten Zustands schnell als asozial abgestempelt.

■ Zögerliche Kontaktaufnahme

Maik reagiert zunächst abweisend auf Tschicks Versuch, sich mit ihm zu unterhalten. Auch als dieser zu einem späteren Zeitpunkt bei ihm zu Hause erscheint, ignoriert er ihn. Tschick hingegen verhält sich offen und zeigt sich Maiks negativen Reaktionen gegenüber resistent. Maiks Einstellung ändert sich, als Tschick anhand der zerrissenen und wieder geklebten Beyoncé-Zeichnung Maiks Gefühlslage erkennt und seiner impulsiven, unerschrockenen Art entsprechend sofort handelt. Maik beginnt an dieser Stelle seine Vorurteile, die er selbst als Außenseiter dem anderen Außenseiter Tschick gegenüber hatte, zurückzunehmen. Führt er Tschick zu Beginn mit den Worten »[i]ch konnte Tschick von Anfang an nicht leiden. […] Tschick war ein Asi, und genau so sah er auch aus«

(S. 41) in seinen Erzählbericht ein, so revidiert er etwas mehr als vierzig Seiten später an besagter Stelle seinen Eindruck: »Und es war das erste Mal, dass ich dachte: Der ist ja wirklich gar nicht so doof« (S. 88). Tschicks Selbstbewusstsein und Durchsetzungsvermögen sind dafür verantwortlich, dass er sich von Maiks zögerlicher, passiver und zu Beginn auch ablehnender Art nicht abschrecken lässt und sich auch nicht von seiner Idee abbringen lässt, mit Maik ohne Einladung auf Tatjanas Party vorbeizuschauen.

Im Gegensatz zu allen anderen Schülern empfindet Maik keine Vorfreude auf die Sommerferien: »Sechs Wochen keine Schule. Sechs Wochen keine Tatjana. Ich sah mich schon mit einem Strick vom Indianerturm baumeln« (S. 67). Er ist einsam und hat keine Pläne, nichts, auf das er sich freuen kann. Ähnlich gestaltet sich allem Anschein nach Tschicks Ferienbeginn. Die Tatsache, dass sie beide keinen Anschluss haben und auch keine erwachsenen Aufsichtspersonen sich um sie kümmern, bildet die Grundlage für die entstehende Freundschaft zwischen den zwei Außenseitern und letztlich natürlich auch für die Reise. Für beide ist der spontane Aufbruch, der wiederum von Tschick initiiert wird, letztlich eine Flucht. Maik entflieht der frustrierenden Situation mit Tatjana, der Tristesse und der Einsamkeit zu Hause. Auch Tschick hat niemanden, der sich für seinen Verbleib interessiert, und scheint sein Zuhause nicht zu vermissen. Seine Lebensumstände werden zwar nicht näher beleuchtet, aber die Vermutung von Maiks Vater, dass er

Flucht aus der Einsamkeit

»in der Scheiße« (S. 229) lebt, trifft möglicherweise recht gut zu – auch der »Typ vom Jugendheim erklärt [ ], [...] dass seine Familie so eine Art asozialer Scheiße wäre [...]« (S. 235 f.). Die schwierige und unangenehme Situation, die hier den Aufbruch einleitet, passt ebenso zum bereits angesprochenen Konzept der Heldenreise (s. S. 56 f.) wie Maiks anfängliches Zögern, das Gewohnte gegen etwas Ungewisses einzutauschen. Besonders deutlich zeigt sich dies an Maiks Weigerung, zu Tschick in den Lada zu steigen. Warum er letztendlich doch einsteigt, analysiert Maik selbst: »Ich bin ja sonst eher feige. Aber gerade deshalb wollte ich wahrscheinlich mal nicht feige sein« (S. 83). Ähnlich verhält es sich mit der Idee zu einer Reise: Maik nimmt Tschicks Vorschlag zunächst überhaupt nicht ernst, erst später beginnt der Gedanke einer Flucht aus der Enge Berlins in ihm zu reifen.

■ Wachsendes Selbstvertrauen

Die Schwierigkeiten und Hindernisse, denen die beiden unterwegs begegnen, lassen sie Erfahrungen sammeln und persönlich wachsen. Das zunehmende Selbstvertrauen und Selbstbewusstsein, an dem es vor allem Maik vor der Reise gemangelt hatte, findet seinen Höhepunkt in der Vorstellung der eigenen Unzerstörbarkeit und Unaufhaltsamkeit: »Kein Unfall, keine Behörde und kein physikalisches Gesetz konnten uns aufhalten. Wir waren unterwegs, und wir würden immer unterwegs sein [...]« (S. 215 f.).

Die Erfahrungen, die Maik auf der Reise macht, verändern ihn. Er ist nicht mehr der unsichere, nach eigener Einschätzung langweilige Sonderling. Klar aufgezeigt wird ihm die Diskrepanz zwischen der eigenen Wahrnehmung seiner selbst und seiner Wirkung nach außen hin in dem Gespräch mit Tschick nach ihrer Flucht aus dem Krankenhaus. Er traut sich zunächst nicht, an Tschicks Stelle das Auto zu fahren, und offenbart Tschick seine Selbstwahrnehmung: »Ich bin der größte Feigling unter der Sonne. Der größte Langweiler und der größte Feigling [...]« (S. 212); mitgefahren sei er nur, weil er einmal nicht langweilig sein wollte. Tschick protestiert energisch: Er habe Maik keine Sekunde lang für einen Langweiler gehalten. Seiner Einschätzung nach mögen die Mädchen Maik auch nicht deswegen nicht, weil er langweilig sei, sondern vielmehr deshalb, weil er nicht so »weichgespült« (S. 213) sei wie die anderen Jungs.

■ Selbstwahrnehmung vs. Fremdwahrnehmung

Die Rückkehr in den Alltag geschieht nicht freiwillig. Maik kann sich nicht vorstellen, je wieder nach Hause zu fahren. Aus diesem Grund setzen sie auch alles daran, die Reise fortzusetzen. Dieser Wunsch, verbunden mit der schließlich durch äußere Umstände erzwungenen Rückkehr in den Alltag, zeigt wieder Parallelen, die die Konzeption des Romans zur Struktur der Heldenreise aufweist.

■ Unfreiwillige Rückkehr

Die Themen »Homosexualität« und »Migration« klingen in der Freundschaft zwischen Maik und Tschick zwar beiläufig an, werden jedoch letztlich nicht weiter ausgeführt. Die Tatsache, dass Tschick Maik anvertraut, homosexuell zu sein, spielt nicht aufgrund des Inhalts dieses Geständnisses eine große

■ Ein Freundschaftsbeweis

Rolle, sondern zeigt die Qualität, die die Freundschaft der beiden erreicht hat, denn Tschick vertraut Maik sein größtes und intimstes Geheimnis an. Der Umgang mit der Homosexualität selbst bleibt vollkommen unaufgeregt, Tschicks Geständnis ändert nichts am Umgang der beiden miteinander. Im Gegenteil, Maik erwägt für einen Moment sogar, selbst schwul zu werden: »Das wäre jetzt wirklich die Lösung aller Probleme gewesen« (S. 214). Auch Tschicks Migrationshintergrund, der dem Leser zwar durch verschiedenartigste Vorurteile wie die vermutete Beziehung Tschicks zur Russenmafia oder die selbstverständliche Annahme, seine neuen Schuhe seien gestohlen, durchaus präsent ist, spielt für die Freundschaft der beiden keine Rolle. Herkunft und soziale Stellung sind den beiden gleichgültig. Nicht ihr Status oder die Zugehörigkeit zu einer Schicht verbindet die beiden miteinander, sie verstehen und mögen sich auf einer rein menschlichen Ebene. Dennoch klingen die Schwierigkeiten, die Tschick als russischer Spätaussiedler hat, zumindest an.

## Weltsicht, Vergänglichkeit, Sinn

■ Revidiertes Welt- und Menschenbild

Eine der wichtigsten Erfahrungen, die Maik auf der Reise macht, ist, dass Fremde hilfsbereit sein können. In zahlreichen Situationen begegnen den beiden Menschen, die ihnen zunächst zwar seltsam oder verschroben vorkommen, die sich aber dann als sehr freundlich und hilfsbereit erweisen. Maik reflektiert dies nach dem nächtlichen Anruf bei seiner erfundenen Tante Mona. Er ist vollkommen überrascht, dass ihm jemand, den er mitten in der Nacht aus dem Schlaf reißt, Hilfe anbietet, statt erbost aufzulegen oder ihn am Telefon zumindest anzuschreien. An dieser Stelle revidiert Maik seine bisherige skeptische Weltsicht, wie sie ihm von seinem Vater und auch von den Medien eingeredet worden ist: »Seit ich klein war, hatte mein Vater mir beigebracht, dass die Welt schlecht ist. Trau keinem, geh nicht mit Fremden und so weiter« (S. 209).

Positive Erfahrungen

Auch Maiks eigene Lebenserfahrung gab ihm bis dato keinen Anlass, anders zu denken. Sein Außenseiterdasein, die Vernachlässigung durch seine Eltern, das Gefühl, abgelehnt zu werden – all dies führt natürlich zu keiner optimistischen Sicht auf die Welt oder auf seine Mitmenschen. Die Erfahrung, dass nicht die gesamte Menschheit schlecht und verkommen ist, spielt für Maik daher eine bedeutsame Rolle: Sie eröffnet ihm eine ganz neue Sichtweise auf das Leben und kann daher als eine der wichtigsten Errungenschaften der Reise bezeichnet werden.

Konfrontation mit der eigenen Vergänglichkeit

Trotz aller Leichtigkeit, die den Grundton der Reise bestimmt, hängt Maik immer wieder auch schwermütigeren Gedanken nach. An mehreren Stellen des Romans macht er sich Gedanken über die menschliche Vergänglichkeit und das Älterwerden. So ist es für ihn unvorstellbar, sich selbst einmal in einen »beige[n] Rentner« (S. 117) zu verwandeln, wie er sie vor der Bäckerei sitzend beobachtet. »Am meisten deprimierte mich der Gedanke, dass unter diesen Rentnerinnen auch welche sein mussten, die nicht langweilig oder öde gewesen waren in ihrer Jugend« (S. 118). Die Tatsache, dass Maik sich zu diesem Zeitpunkt selbst für einen öden Langweiler hält, muss ihm dabei erst recht jede Hoffnung nehmen, sich später einmal von den Mitgliedern dieser einförmigen Reisegruppe zu unterscheiden. Er fragt sich, was aus all den Plänen und Hoffnungen geworden ist, die diese Menschen einst hatten, und kommt zu dem frustrierenden Schluss, dass am Ende alles egal sei, da sie sich sowieso nicht mehr voneinander unterschieden. Aus Individuen mit individuellen Träumen sind Maiks Einschätzung zufolge nicht weiter voneinander unterscheidbare Teile einer einheitlichen Masse geworden.

■ Nihilistische Gedanken

Noch deutlicher mit der menschlichen Vergänglichkeit und der Frage, was vom Leben bleibt, wird Maik in der Episode auf dem Berggipfel konfrontiert. Als er die aus dem Jahre 1903 stammende Schnitzerei Anselm Wails entdeckt, muss er daran denken, dass von diesem Mann und seinem Leben vermutlich nichts mehr übrig ist, dass die Zeit all seine Spuren verwischt hat: »Seine Familie war […] tot, seine Eltern waren tot, seine Kinder waren tot, alle, die ihn gekannt hatten, waren ebenfalls tot. […] [D]as Einzige, was übrig war von Anselm Wail, war dieser Name in einem Stück Holz« (S. 174).

■ Hinterfragen des Daseins

Maik ist sich sicher, dass es mit ihm auch so sein wird, dass mit der Zeit nichts mehr da sein wird von dem, was ihm in seinem Leben wichtig war, dass es irgendwann niemanden mehr interessieren wird, wer er war. Die Erlebnisse auf der Reise konfrontieren Maik erstmals in seinem Leben mit Gedanken solcher Art. Er ist vierzehn Jahre alt und hatte bisher keinen Anlass, über die Zeitlichkeit des Menschen nachzudenken. Um das Vergessen zumindest hinauszuzögern, schlägt er Isa und Tschick vor, sich in fünfzig Jahren wieder auf dem Berg zu treffen.

Den aufkeimenden Überlegungen, ob der Autor diese Gedanken aufgrund seiner eigenen Situation im Roman untergebracht hat, ob sie also autobiographischer Art sind, widerspricht Herrndorf in seinem Blog. Nachdem er die Arbeit an *Tschick* nach der Diagnose eines tödlichen Hirntumors wieder aufgenommen hatte, schrieb er: »Der Jugendroman, den ich vor sechs Jahren auf Halde schrieb und an dem ich jetzt arbeite, ist voll mit Gedanken über den Tod. [...] Wenn ich das drinlasse, denken alle, ich hätte es nachher reingeschrieben. Aber soll ich es deshalb streichen?«[25]

■ Gedanken über den Tod – autobiographisch?

Maik spricht dies zwar nicht explizit aus, aber resultierend aus seinen Gedanken schwingt an Stellen wie diesen die Frage nach dem Sinn des Lebens mit. Falls sich am Ende sowieso alle in farblose Rentner verwandeln und falls die Zeit ungeachtet der eigenen Existenz immer weiter vergeht und nichts mehr von einem übriglässt: Welchen Sinn hat dann diese kurze Zeitspanne, in der der Mensch sein Leben lebt? Letztlich verrät

■ Die Frage nach dem Sinn des Lebens

25 Herrndorf, »Drei. 24. 3. 2010, 16:39«, in: W. H. (s. Anm. 9), S. 33.

ihm seine betrunkene Mutter dieses Geheimnis. Die Mutter, die nicht in der Lage ist, ihrem Sohn eine Stütze zu sein, ihn durch die schwierige Lebensphase der Pubertät zu begleiten und ihm etwas von seiner Einsamkeit zu nehmen, ist am Ende diejenige, die ihm einen wertvollen Rat gibt: »›Merk dir eins im Leben! Hab ich mit dir eigentlich schon mal über grundsätzliche Fragen gesprochen? […]‹ Sie zeigte einmal rundum. ›Das ist alles egal. Was nicht egal ist: Bist du glücklich damit? Das. Und nur das.‹« (S. 251). Die Auffassung, dass es nicht von Bedeutung sein kann, sich an Luxusmöbel und andere weltliche Gegenstände zu klammern, unterstreicht die Mutter deutlich, indem sie die halbe Einrichtung in den Pool wirft. Das Versenken dieser Luxusgüter symbolisiert somit den Befreiungsschlag von äußeren Zwängen und Konventionen. Maik lässt sich davon anstecken und hilft ihr dabei. Selbst der Fernseher, der für Maik noch zu Beginn seiner Erzählung unersetzlich zu sein schien, landet im Wasser. Schließlich springt Maik hinterher und lässt unter Wasser die Erlebnisse des Sommers nochmals Revue passieren. Die Weisheiten seiner Mutter scheinen bei ihm Anklang zu finden: Es ist ihm egal, ob er nach dieser Aktion womöglich wieder »Psycho« heißen wird oder nicht, er ist einfach glücklich. Durch den Sprung in den Pool entziehen sich Maik und seine Mutter dem Alltag und dem, was sich angeblich schickt. Sie lassen die beiden Polizisten ratlos am Beckenrand zurück und ignorieren sie und die von ihnen verkörperten Grenzen und Konventionen.

»Bist du glücklich damit?«

## Grenzüberschreitungen und Gesetzesverstöße

Diebstahl, Fahren ohne Führerschein, Alkoholkonsum Minderjähriger, Lügen … Die Liste der Grenzüberschreitungen oder sogar der Gesetzesverstöße im Roman ist lang. Die Frage, wie mit diesen Verstößen umgegangen wird, ist für die Interpretation grundlegend. Juristisch betrachtet müssen Maik und Tschick die Konsequenzen für ihr Handeln natürlich tragen. Es kommt zu einer Gerichtsverhandlung, und beiden wird eine Strafe auferlegt – wenn auch eine sehr milde. Bezüglich der moralischen Beurteilung der teilweise kriminellen Handlungen verhält es sich anders. Interessant ist, dass sich in Maik und Tschick weder beim Stehlen des Autos (»Kann man leihen. Der Besitzer merkt das gar nicht«, S. 82) noch beim wiederholten Entwenden fremder Nummernschilder oder beim Abpumpen des Benzins Gewissensbisse regen. Während das Stehlen für Tschick schon vor seiner Freundschaft mit Maik völlig normal gewesen zu sein scheint (»Ich hätt ihr eine CD geklaut, wenn sie mich eingeladen hätte«, S. 87) – obwohl man ihm auch nicht jede Aussage unhinterfragt glauben sollte –, so zeichnet sich bei Maik eine Entwicklung ab. Macht er sich bei seiner ersten Fahrt im Lada noch Gedanken um möglicherweise von ihm hinterlassene Fingerabdrücke, die ihn verraten könnten, ist wenig später er derjenige, der zur Lösung des Benzinproblems vorschlägt, einfach ein neues Auto mit vol-

Schuld und Sühne?

Priorität: Fortsetzung der Reise

lem Tank zu stehlen. Mit zunehmender Reisedauer wird es für Maik immer wichtiger, das Abenteuer fortsetzen zu können, koste es, was es wolle. Ihm scheint nahezu jedes Mittel recht zu sein, wenn es nur verhindert, dass sie die Reise beenden müssen. Auch wenn Tschicks fälschliche Versicherung, dass die Strafmündigkeit erst im Alter von fünfzehn Jahren erreicht werde, Maik zu Beginn möglicherweise sorgloser handeln lässt, so ist es der Wunsch, die Reise fortzusetzen, der ihn sich schließlich mit Leichtigkeit über Grenzen und Gesetze hinwegsetzen lässt. Die beiden Protagonisten denken dabei an keiner Stelle des Romans darüber nach, welche Konsequenzen ihr Handeln für andere Personen haben könnte. Dennoch ist klar, dass sie niemandem schaden wollen. Es geht ihnen ausschließlich darum, den die Reise gefährdenden Situationen (z. B. der Begegnung mit dem Dorfsheriff) zu entkommen. Dies ist auch der Grund dafür, warum im Text der moralische Zeigefinger trotz zahlreicher gesetzeswidriger Handlungen nicht erhoben wird. Maik und Tschick haben letztlich keine bösen Absichten, sie wollen niemanden verletzen. Es ist ohne weiteres nachvollziehbar, dass zwei jugendliche Ausreißer fernab von erwachsenen Aufsichtspersonen sich nicht so verhalten, als stünden sie unter ständiger Beobachtung. Am Ende gibt Maik seinem Vater gegenüber zwar zu, »Scheiße gebaut [zu] haben« (S. 228), dennoch ist vollkommen klar, dass er sein Abenteuer nicht bereut. Die moralischen Ermahnungen des Richters hingegen scheint

Maik ernster zu nehmen, da sie Dinge betreffen, »wo man dachte, es geht am Ende um Leben und Tod« (S. 236), und das entspricht, bezogen auf ihren Unfall, auch den Tatsachen. Maik und Tschick entgehen nur mit viel Glück weitreichenderen Konsequenzen ihres Leichtsinns, der Unfall hätte auch anders ausgehen können.

## Motivik und Symbolik

Es wurde schon mehrfach darauf hingewiesen, dass das zentrale Motiv des Romans die Reise bzw. das Ausreißen Maiks und Tschicks ist. Es geht um zwei jugendliche Außenseiter, die sich auf eine Fahrt ins Ungewisse begeben, sich durch gemeinsam Erlebtes und Überstandenes als Freunde finden und am Ende reich an neuen Erfahrungen heimkehren. Die Walachei, die zu Beginn auf Tschicks Vorschlag hin das Ziel der Reise ist, wird zunehmend zum reinen Symbol, zu einem verschwommenen Fluchtpunkt am Horizont. Es geht nicht wirklich darum, dieses Ziel zu erreichen, sondern das Unterwegssein als solches steht im Mittelpunkt, der Weg selbst ist das Ziel. Dies zeigt sich beispielsweise daran, dass sie sich vor Beginn der Reise weder die Route in Richtung Walachei anschauen noch Kartenmaterial mitnehmen. Der einzige Anhaltspunkt ist eine ziemlich vage Himmelsrichtung: Maik weiß, dass Rumänien von ihnen aus gesehen südlich liegt. Zwar versuchen sie herauszufinden, wie man die Himmelsrichtung genauer bestimmen kann,

■ Die Walachei – symbolischer Fluchtpunkt

■ Der Weg ist das Ziel

doch spielt es eine sekundäre Rolle, ob dies dann auch tatsächlich gelingt. »Ich hatte den Verdacht, dass wir überhaupt nicht vorangekommen waren mit unseren Landstraßen und Feldwegen. Aber es war auch ziemlich egal« (S. 165). Die Walachei, von der Maik anfänglich denkt, sie sei nur ein imaginärer Ort, vielmehr ein Ausdruck für »irgendwo da draußen [...] in der Pampa« (S. 97), wird am Ende zu genau einem solchen Phantasiegebilde: Sie symbolisiert einen Ort, der weit genug von Maiks Problemen weg ist, stellt ein halbkonkretes Ziel dar, das sie durch ihr Unterwegssein allein quasi immer oder ständig schon erreichen – auch wenn sie dem geographischen Ort nicht einmal ansatzweise nahe kommen.

■ Das Elixier – Parodie der Symbolik

Ein Symbol, das gleichzeitig jegliche Symbolik parodiert, ist das kleine braune Fläschchen, das Horst Fricke den beiden für ihre Weiterfahrt mitgibt: »Wir sollten es nur aufmachen, wenn wir in Not wären, [...] wenn die Lage so ernst wäre, dass wir nicht mehr weiterwüssten, und vorher nicht, dann würde es uns helfen« (S. 188). Das Fläschchen ähnelt dem geheimnisumwobenen Elixier, das dem Helden seit Menschengedenken in einer Situation großer Aussichtslosigkeit auf wundersame Weise das Leben rettet. Und was machen Maik und Tschick? Sie öffnen es sofort und werfen es aufgrund seines schlechten Geruchs aus dem Fenster. Angesprochen auf dieses mysteriöse Elixier, sagte der Autor, dass ihn jemand auf das Schema der Heldenreise aufmerksam gemacht habe, wo es immer ein Elixier oder einen Schatz zu finden gelte:

»Habe ich natürlich gleich eingebaut«[26]; die Bedeutsamkeit bzw. Symbolträchtigkeit des Fläschchens wird freilich durch das achtlose Wegwerfen ad absurdum geführt. Zur Bedeutung dieses Fläschchens könne er nichts sagen, so Herrndorf, er wisse auch nicht, was es damit auf sich habe.

Interpretationsspielraum

An dieser Aussage zeigt sich Herrndorfs zurückhaltende Einstellung gegenüber Interpretationen. Er ist der Ansicht, dass man nicht mit Gewissheit sagen könne, was etwas bedeuten solle, dass man vieles einfach nicht wissen könne. Wie bei jedem anderen Werk gilt also auch bei *Tschick*: Es gibt nicht eine einzige wahre, allein richtige Interpretation des Romans oder einzelner Motive und Symbole, es kommt vielmehr darauf an, die eigenen Überlegungen auf den Text zu beziehen und sie möglichst gut belegen zu können.

26 Wolfgang Herrndorf im Gespräch mit Kathrin Passig (s. Anm. 1).

# 7. Autor und Zeit

## Biographischer Überblick

■ Der Künstler

Wolfgang Herrndorf wurde am 12. Juni 1965 in Hamburg geboren. Beruflich befasste er sich zunächst mit der Kunst; er studierte Malerei an der Akademie der Bildenden Künste in Nürnberg. Vor allem begeisterte er sich für die niederländische Malerei des 17. Jahrhunderts. Weil ihm die Nürnberger Akademie als »konservativ« empfohlen wurde, wählte er diesen Studienort. Doch das Studium konnte seinen Interessen und Ansprüchen nicht genügen. »Unter Professoren und Kommilitonen, die die Selbstakklamation [Selbsternennung] des zeitgenössischen Avantgardekünstlers einstudierten und die künstlerische ›Position‹ höher einstuften als das Handwerk, muss er ein regelrechter Alien gewesen sein«[27], bemerkte sein Freund Holm Friebe. Nach seinem Studium zog Herrndorf nach Berlin und arbeitete als Illustrator, unter anderem für den Haffmanns Verlag und das Satiremagazin *Titanic*. Seinen Wechsel von der Malerei zur Literatur beschreibt er so: »Ich habe am Ende nur noch Comics gemacht. Bei denen wurden dann irgendwann die Bilder immer kleiner und der Text immer größer, und irgendwann gab es überhaupt keine

■ Vom Bild zum Text

27 Holm Friebe, »Aus der Welt gefallen«, in: *Die Welt*, 1. 9. 2013. (www.welt.de/kultur/literarischewelt/article 119582881/Aus-der-Welt-gefallen.html, Stand: 2. 2. 2018)

Bilder mehr.«[28] Sein Debüt als Schriftsteller gab Herrndorf 2002 mit dem Berlin-Roman *In Plüschgewittern.* Nebenbei war er begeisterter Fußballspieler und Mitglied der deutschen Fußballnationalmannschaft der Autoren, genannt *Autonama.*

Im März 2004 fasste er den Plan, einen Jugendroman zu schreiben, nachdem er alte Jugendbücher gelesen hatte: »[...] um nicht alles wieder zu vergessen, hackte ich in den folgenden zwei, drei Tagen 150 Seiten als Gedankenstütze runter.«[29]

■ Erkrankung und Diagnose

Anfang 2010 wurde bei ihm ein bösartiger Hirntumor, ein Glioblastom, diagnostiziert. Aussicht auf Heilung gab es nicht, auch konnte ihm niemand sagen, wie lange er noch zu leben hätte. Der Entschluss, die ihm noch verbleibende Zeit mit Schreiben zu verbringen, verursachte einen beinahe rasenden Arbeitseifer. In seinem Blog *Arbeit und Struktur*, der zunächst nur seinem Freundeskreis offenstand, dann aber auch für die Öffentlichkeit online ging und inzwischen als Buch veröffentlicht wurde, berichtete Herrndorf von seiner täglichen Arbeit, dem Umgang mit dem Bewusstsein des ihm sicheren Todes, ohne jedoch zu wissen, wie viel Zeit ihm noch genau bleiben würde. In diesem Tagebuch dokumentierte er auch den Entschluss, die Arbeit an dem geplanten Jugendroman wiederaufzunehmen, den er bereits sechs

■ Arbeit an *Tschick*

■ Tagebuch eines Sterbenden: *Arbeit und Struktur*

28 Wolfgang Herrndorf im Gespräch mit Kathrin Passig (s. Anm. 1).

29 Herrndorf, »Rückblende, Teil 3: Ein Telefonat«, in: W. H. (Anm. 9), S. 113.

Jahre zuvor zu schreiben begonnen hatte. Am 13. März 2010 notierte er: »Gib mir ein Jahr, Herrgott, an den ich nicht glaube, und ich werde fertig mit allem. (geweint)«.[30]

Der Überraschungserfolg

Dass sein Jugendroman *Tschick* der Überraschungserfolg des Jahres werden würde, ahnte er zu diesem Zeitpunkt nicht: Er wünschte sich, vor seinem Tod noch eine dreitausend Exemplare starke Auflage zu erleben. Die Jahre zuvor konnte Herrndorf sich mit seiner künstlerischen und schriftstellerischen Tätigkeit zwar mit Mühe und Not über Wasser halten, doch von materieller Sicherheit oder gar Überfluss konnte keine Rede sein. Umso verständlicher ist sein bitterer Blogeintrag im Januar 2011:

> »Gerade werden die Filmrechte [von *Tschick*] verhandelt. Und das ist vielleicht der Punkt, wo ich dann doch so eine Art von Ressentiment empfinde: 25 Jahre am Existenzminimum rumgekrebst und gehofft, einmal eine 2-Zimmer-Wohnung mit Ausblick zu haben. Jetzt könnte ich sechsstellige Summen verdienen, und es gibt nichts, was mir egaler wäre.«[31]

Dreieinhalb Jahre lebte und arbeitete Herrndorf mit der tödlichen Krankheit in seinem Kopf. Er suchte ge-

30 Herrndorf, »Zwei. 13. 3. 2010, 11:00«, in: W. H. (s. Anm. 9), S. 22.

31 Herrndorf, »Zwölf. 15. 1. 2011, 17:36«, in: W. H. (s. Anm. 9), S. 182.

Abb. 5: Wolfgang Herrndorf – © Mathias Mainholz

nau aus, wofür es sich für ihn lohnte, Zeit aufzuwenden. Interviews, Lesungen und andere Anfragen lehnte er nahezu ohne Ausnahme ab. Am Ende wählte er die von ihm in seinem Blog angekündigte »Exitstrategie«: Die befreundete Autorin Kathrin Passig teilte der Welt via Twitter mit, dass Herrndorf sich am 26. August 2013 erschossen habe. An ihren Tweet angelehnt ist auch der letzte Eintrag in den Blog *Arbeit und Struktur*. Was bleibt, ist das Archiv des Blogs, in dem man die letzten Jahre des Schriftstellers miterleben kann, Einblick in seine Gedanken erhält und viel über Literatur erfährt – seine eigene und die, die es sich seiner Meinung nach zu lesen oder auch nicht zu

Freitod

lesen lohnt. Als literarische Bezugspersonen nannte Herrndorf dort beispielsweise Vladimir Nabokov und Marcel Proust, aber auch J. D. Salinger und Ágota Kristóf.

Der Perfektionist

Aus seinem Blog geht auch hervor, dass er ein sehr genauer und disziplinierter Schreiber, ein Perfektionist war. Sein Freund Holm Friebe, der kurz nach Herrndorfs Tod ein Porträt über ihn in der Zeitung *Die Welt* veröffentlichte, berichtet, dass er »Wochen damit zubringen [konnte], an einem Tag ein Komma zu setzen, welches er am darauffolgenden wieder entfernte.«[32] Der Tumor in seinem Kopf zwang ihn schließlich zur Eile.

Auch der Entstehungsprozess *Tschicks* lässt sich beim Lesen des Blogs verfolgen. Immer wieder gibt der Autor Einblicke in seine Gedanken und Einfälle zur Handlung oder zu den Charakteren. So notierte er beispielsweise am 28. April 2010: »Endlich schleppt sich die Romanhandlung raus aus Berlin. Der Lada ist fachmännisch kurzgeschlossen, und grad hab ich die Jungs auf die Autobahn gejagt und mich unter den Tisch gelacht über den Einfall, dass sie keine Musik hören können.« In der »Gegenwartsjugendliteratur« sei es »zwingend notwendig, die Helden identitätsstiftende Musik hören zu lassen«.[33] Er lässt Maik und Tschick schließlich unter der Fußmatte des Ladas eine alte Kassette finden:

32 Friebe (s. Anm. 28).
33 Herrndorf, »Vier. 28. 4. 2010, 20:47«, in: W. H. (s. Anm. 9), S. 49.

> »[Die] Solid Gold Collection von R. Clayderman, und ich weiß auch nicht, warum mich das so wahnsinnig lachen lässt, aber jetzt kacheln sie gerade mit Ballade pour Adeline ihrem ungewissen Schicksal entgegen. Projekt Regression [Rückschritt auf ein früheres Niveau, oft in die Kindheit]: Wie ich gern gelebt hätte.«[34]

Autobiographisch ist nur weniges in dem Buch, vor allem »[…] die Szenen mit dem Sternenhimmel, mit Starship Troopers und der Entdeckung der Nacht […]. Wie der Held sich erinnert, mit acht Jahren in der Dunkelheit durch den Hogenkamp gejoggt zu sein, die einzige wirklich autobiographische Stelle.«[35]

Noch während Herrndorf an den letzten Korrekturen des Romans arbeitete, lehnte er, wie bereits erwähnt, sämtliche Anfragen nach den bei einer Neuerscheinung üblichen Interviews, Lesereisen und Werbeauftritten ab. Er fragte sich, ob das eine gute Entscheidung war: »Das Ding wird untergehen wie ein Stein, und dann bin ich auch unglücklich die nächsten Wochen.«[36] Das Ganze sei »[s]tilistisch fragwürdige Pennälerprosa[37] mit Allerweltseinfällen, als Ganzes strukturlos. Auch die letzte Szene – wen inter-

34 Herrndorf, »Vier. 28. 4. 2010, 20:47«, in: W. H. (s. Anm. 9), S. 49.

35 Herrndorf, »Vier. 11. 5. 2010, 17:32«, in: W. H. (s. Anm. 9), S. 55.

36 Herrndorf, »Sechs. 27. 7. 2010, 20:38«, in: W. H. (s. Anm. 9), S. 72.

37 Als Pennäler bezeichnet man Schüler einer höheren Schule,

essiert's?«[38] Seine Befürchtungen sollten sich nicht bewahrheiten. Auch ohne eine große Werbemaschinerie im Rücken überzeugte *Tschick* Leser und Kritiker.

## Weitere Werke

**2002 *In Plüschgewittern*** (Roman): Herrndorfs Debütroman führt den ca. dreißigjährigen Protagonisten, der nicht weiß, was er vom Leben will, nach Berlin. Berlin ist der Ort, an dem ein solcher orientierungsloser Drifter, »der an sich und der Welt leidet«[39], Zuflucht finden kann. Ohne genau zu wissen, wonach, begibt er sich auf die Suche. Der Roman wurde von Kritikern dem zu seinem Erscheinungszeitpunkt bereits abgenutzten Genre der Popliteratur zugeordnet und dennoch gelobt. Ein Kritiker bemerkte:

> »Verkrachte Existenz fährt durch die Gegend, bleibt für ein paar Tage in Berlin hängen, kriegt auch dort nicht sonderlich viel auf die Reihe, fährt wieder weg und kommt schließlich offenbar – genau erfährt man's nicht – ums Leben, Klappe zu, Affe tot, Buch zu Ende. Kann das noch funktionieren? Es funktioniert. Es funktioniert sogar ziemlich gut.«[40]

abgeleitet von dem ugs. Ausdruck Penne (lat. *penna* ›Feder‹) für Schule.

38 Herrndorf, »Sechs. 19. 7. 2010, 11:33«, in: W. H. (s. Anm. 9), S. 71.

39 Klappentext in: Wolfgang Herrndorf, *In Plüschgewittern,* Frankfurt a. M. 2002.

40 Klaus Cäsar Zehrer, »In der Stadt des ironischen Möbelfach-

**2007** ***Diesseits des Van-Allen-Gürtels*** (Erzählungen): Dieser Band mit Erzählungen enthält sechs Geschichten, deren Figuren miteinander verbunden (befreundet, verwandt, bekannt, zur selben Zeit am selben Ort) sind und die jeweils als Geschichte dennoch alle für sich allein stehen können. Für die frühe Fassung der Titelerzählung erhielt Herrndorf 2004 den Publikumspreis beim Klagenfurter Literaturwettbewerb. Darin unterhält sich ein Mann mit dem Nachbarsjungen auf dem Balkon über Raumfahrt, anstatt zu der Party seiner Freundin zu gehen. Ebendiese Party ist es, auf der sich die Figuren aller Geschichten in der letzten Erzählung des Bandes begegnen.

**2007** ***Die Rosenbaum-Doktrin*:** Bei diesem Text handelt es sich um ein fiktives Interview. Der Erzähler, der den Namen des Autors trägt, unterhält sich mit dem Kosmonauten Friedrich Jaschke im Altersheim über die Entwicklung der Raumfahrt nach Ende des Zweiten Weltkriegs. Der Alte berichtet Herrndorf von der Existenz einer angeblichen Doktrin, der Rosenbaum-Doktrin, in der beschrieben ist, wie mit übersinnlichen Erlebnissen im Weltall umgegangen werden soll.

**2011** ***Sand*** (Roman): Herrndorf selbst ordnete dieses Werk dem Genre des »Trottelromans« zu (»Alle han-

geschäfts. Wolfgang Herrndorfs erster Roman *In Plüschgewittern*«, in: *literaturkritik.de, 1.7.2003.* (www.literaturkritik.de/public/rezension.php?rez_id=5953, Stand: 2. 2. 2018) delnden Personen sind Trottel«[41]), die Rezensionen wählten Agentenroman oder Thriller bzw. bezeichneten ihn als Parodie dieser Genres. Der Roman spielt 1972 irgendwo in Nordafrika und besteht aus zahlreichen Handlungssträngen, die erst nach einiger Zeit miteinander verbunden werden, ein eindeutiges Thema ist kaum zu benennen. Herrndorf bezeichnet *Sand* in seinem Blog als einen nihilistischen [an nichts glaubenden] Gegenentwurf zu *Tschick*. Für *Sand* erhielt Herrndorf 2012 den Preis der Leipziger Buchmesse, für den 2011 bereits *Tschick* nominiert worden war.

2013 ***Arbeit und Struktur***: Buchfassung von Herrndorfs Internet-Tagebuch, das er im März 2010 kurz nach der Diagnose eines Hirntumors zu führen begann. Zunächst nur seinen Freunden, später auch der Öffentlichkeit zugänglich, dokumentiert der Blog Herrndorfs Schaffensprozess und sein Leben mit der Krankheit bis zu seinem Freitod im August 2013.

2014 ***Bilder deiner großen Liebe*** (Roman): Postum veröffentlichtes Romanfragment über die Figur der Isa Schmidt, bekannt aus *Tschick*, an dem Herrndorf bis zu seinem Freitod gearbeitet hat und das er entgegen seiner ursprünglichen Intention schließlich doch noch zur Veröffentlichung bestimmt hat. Auch den Titel legte Herrndorf noch selbst fest.

41 Wolfgang Herrndorf im Gespräch mit Kathrin Passig (s. Anm. 1).

Isa schleicht sich zu Beginn der Handlung aus einer psychiatrischen Anstalt heraus und beginnt ihre Wanderschaft durch Wälder und Dörfer, fährt einen Fluss hinab, trifft auf einer Müllhalde zwei Jungs, die auf der Suche nach einem Waschmaschinenschlauch sind, und schließt sich ihnen für ein Weilchen an.

> »Isa ist so verrückt wie Büchners Lenz, so verloren wie Robert Walsers Jakob von Gunten, so empfindsam und kalt wie Camus' Fremder. Und doch ist Isa ganz anders als diese weltberühmten Männer […]. Denn Isa ist ein vierzehnjähriges Mädchen, das barfuß durch Deutschland rennt, auf Müllhalden nach Essbarem sucht, im Freien schläft und manchmal sehr unvierzehnjahrehafte Sätze sagt wie: ›Der Abgrund zerrt an mir. Aber ich bin stärker.‹«[42]

42 Iris Radisch: »Und Engel gibt es doch«, in: *Zeit Online*, 19. 9. 2014. (www.zeit.de/2014/39/wolfgang-herrndorf-roman, Stand: 2. 2. 2018)

# 8. Rezeption

## *Tschick* – eine Erfolgsgeschichte

Literarischer Durchbruch

*Tschick* machte Wolfgang Herrndorf berühmt. Zwar hatte er zuvor schon zwei Prosawerke veröffentlicht, die ihm bei Kritikern Ansehen einbrachten. Der große Erfolg, vor allem beim breiten Publikum, war jedoch ausgeblieben. Als *Tschick* im Herbst des Jahres 2010 erschien, rechnete niemand mit einem durchschlagenden Erfolg, am wenigsten der Autor selbst. Ohne große Unterstützung durch eine eigene Werbekampagne erschien *Tschick*, zunächst kaum bemerkt, auf dem Buchmarkt. Am 8. Oktober 2010 notierte Herrndorf in seinem Blog: »Drei Wochen ist *Tschick* raus, und in keiner Buchmessenbeilage und keiner Zeitung. Es ist mir nicht so gleichgültig wie früher«[43]. Aber die fehlende Werbung sollte den Verkaufszahlen keinen Abbruch tun. Im Juni 2013 meldete der Rowohlt-Verlag, dass *Tschick* die Eine-Million-Grenze verkaufter Exemplare durchbrochen habe.

Bis dato wurden die Rechte an dem Roman in 26 Länder verkauft; zweieinhalb Jahre nach seinem Erscheinen stand er immer noch auf der *Spiegel*-Bestsellerliste für Taschenbücher. Rangierte *Tschick* in der ersten Hälfte des Jahres 2013 in den Top 20, schnellte der Roman nach Herrndorfs Tod Ende August dessel-

43 Vgl. Herrndorf, »Neun. 8. 10. 2010, 16:07«, in: W. H. (s. Anm. 9), S. 150.

ben Jahres sogar auf Platz 1.[44] *Tschick* wurde mehrfach mit Preisen ausgezeichnet. Für seinen Roman erhielt der Autor den Clemens-Brentano-Preis, den Hans-Fallada-Preis und den Deutschen Jugendliteraturpreis. Letztere Auszeichnung wurde durch die Jury folgendermaßen begründet:

Auszeichnungen

> »*Tschick* ist ein Abenteuer- und auch ein Bildungsroman, mit dem Herrndorf die Modernisierung seiner Kindheitslektüren perfekt gelungen ist. Das feine Gespür des Autors für jugendrelevante Themen, komische Dialoge, der jugendlich-authentische Erzählton und der bis zum filmreifen Finale konsequent durchgehaltene Spannungsbogen machen den Roman herausragend.«[45]

Auch in den Deutschunterricht hat *Tschick* längst Einzug gehalten. Die lockere Sprache des Erzählers, das Abenteuerliche der Reise, die melancholisch-fröhliche Stimmung des Romans, verbunden mit den wichtigen Themen des Erwachsenwerdens, ermöglichen einen guten Zugang zu einem populären Stück Gegenwartsliteratur. Herrndorf berichtete in *Arbeit und Struktur*, dass er zahlreiche Briefe von Schülern

*Tschick* im Unterricht

44 Vgl. »*Tschick*. SPIEGEL-Bestseller Taschenbuch Belletristik«, in: *buchreport* (www.buchreport.de/bestseller/buch/isbn/9783499256356.htm/, Stand: 2. 2. 2018)

45 »Jurybegründung der Verleihung des Deutschen Jugendliteraturpreises 2011«, *Deutscher Jugendliteraturpreis 2011*. (www.djlp.jugendliteratur.org/2011/preistraeger_jugenbuch-16.html, Stand: 2. 2. 2018)

erhalten habe. Für einige waren diese Briefe eine Hausaufgabe:

> »Wie ich das gehasst hätte in der Neunten. Und in jeder anderen Klasse auch. Briefe an irgendwelche Idioten schreiben. Glücklicherweise thematisieren das einige auch. Aber alle ziehen sich wie ohne Mühe aus der Affäre, auch die beiden Rüpel aus der letzten Reihe, einwandfrei, hätte ich nicht gekonnt in dem Alter.«[46]

Eine Antwort auf ihre Anfragen bekam keiner von ihnen, dafür fehlte Herrndorf die Zeit.

Adaption für die Bühne

Der Dramaturg Robert Koall, ein langjähriger Freund Herrndorfs, der an seiner statt auch auf Preisverleihungen ging, bearbeitete bzw. adaptierte *Tschick* für die Theaterbühne. Am 19. November 2011 wurde *Tschick* im Dresdner Schauspielhaus unter der Regie von Jan Gehler uraufgeführt. Schnell nahmen auch zahlreiche andere Theater in Österreich, der Schweiz und in Deutschland *Tschick* in ihren Spielplan auf. Die drei Schauspieler der Dresdner Inszenierung, Benjamin Pauquet, der Maik spielt, Sebastian Wendelin in der Rolle des Tschick und Lea Ruckpaul als Isa, wurden 2012 mit dem Günther-Rühle-Preis der Stadt Bensheim ausgezeichnet.

Eine Hörspielfassung des Romans existiert ebenfalls.

46 Herrndorf, »18. 6. 2011, 20:11«, in: W. H. (s. Anm. 9), S. 212.

## Verfilmung

Am 15. September 2016 lief der Film *Tschick* in den deutschen Kinos an. Mit Tristan Göbel als Maik, Anand Batbileg als Tschick und Mercedes Müller in der Rolle der Isa nahm sich Regisseur Fatih Akin der Herausforderung an, den über zwei Millionen Mal verkauften Erfolgsroman auf die Leinwand zu bringen.

Positive Kritik

Die Kritiker sind sich im Wesentlichen darüber einig, dass es Akin gelungen ist, den Zauber des Romans zu inszenieren: »[T]reu dem Geist und dem Buchstaben«[47], heißt es beispielsweise in der Rezension der *FAZ*. »Ich bin nach dem Gefühl gegangen. Das Gefühl, das der Roman beim Lesen bei mir auslöst, das habe ich versucht, in Bilder zu übersetzen«[48], schildert Fatih Akin seine Herangehensweise im Making-of des Films.

Es gibt Stellen, Dialoge im Film, die sind eins zu eins aus der Romanvorlage entnommen (zum Beispiel die Debatte um *Steppenwolf* – Buch oder Band?), aber natürlich wird mit einigen Details auch freier umgegangen. So zeichnet Maik beispielsweise nicht Beyoncé als Geschenk für Tatjana, sondern seine An-

47 Bernd Rebhandl: »Wo liegt nochmal Nichts-wie-raus-hier? Video-Filmkritik zu *Tschick*«, in: *Frankfurter Allgemeine Zeitung*, 14. 9. 2016. (www.faz.net/aktuell/feuilleton/kino/video-filmkritiken/fatih-akin-verfilmt-wolfgang-herrndorfs-tschick-14433785.html, Stand: 2. 2. 2018)

48 »Making Of«, in: *Tschick*. Deutschland 2016. Regie: Fatih Akin.

Abb. 6: *Tschick* – Verfilmung von Fatih Akin
© Studiocanal GmbH

gebetete selbst.[49] Auch den Aufsatz, der ihm den Spitznamen Psycho einbringt, liest Maik nicht in der sechsten Klasse vor, sondern zu Beginn des Films in Klasse acht.

Um die Handlung des Romans in 90 Minuten darstellen zu können, sind einige Episoden und Nebenfiguren aus der Buchvorlage gestrichen worden. So entfällt die Begegnung der beiden Jungs mit Horst Fricke, ferner wurde die »flusspferdartige« Sprachtherapeutin, die im Roman einen Feuerlöscher auf Tschicks Fuß fallen lässt und die beiden ins Krankenhaus fährt, ebenfalls nicht ins Drehbuch aufgenommen. Tschicks Fußverletzung, die es überhaupt erst nötig macht, dass Maik sich ans Steuer setzt, gibt es trotzdem: Ein Aststück durchbohrt seinen Fuß, als sie einen Steg ausbessern, um mit dem Lada darüberfahren zu können. Auch das Ende des Films unterscheidet sich von der Buchvorlage: Was nach dem Unfall mit dem Schweinetransporter, der die Reise im geklauten Lada schließlich beendet, aus Tschick wird, bleibt offen. Bei der Gerichtsverhandlung ist allein Maik zugegen. »Im letzten Drittel wird der Roman etwas quasselig«[50], begründet Akin seine straffenden Eingriffe.

Auswahl wesentlicher Szenen

49 Fatih Akin erklärt diese Entscheidung damit, dass Beyoncé den Filmemachern nicht ihre Bildrechte geben wollte.

50 Fatih Akin zitiert nach: Wenke Husmann, »Dieser Sommer ist ein ganzes Leben«, in: *Zeit Online*, 14. 9. 2016. (www.zeit.de/kultur/film/2016-09/fatih-akin-tschick-film, Stand: 2. 2. 2018)

Auch der Rezensent der *Süddeutschen Zeitung* sieht im Film alles Wesentliche enthalten.

> »Wenn es überhaupt einen programmatischen Unterschied zum Roman gibt, betrifft er am Schluss die Frage der Zukunftsträume. Herrndorf entlässt seine Leser mit dem Gefühl, dass für Maik und Tschick das Wünschen schon noch helfen wird. Akin ist da sogar eine Spur strenger. Auch das ist bemerkenswert an dieser schönen Adaption – dass man dem Kino hier nicht vorwerfen kann, am Ende doch nur wieder die windelweiche Wunschmaschine zu sein.«[51]

Auf der DVD findet sich neben Extras wie Interviews und Outtakes auch die Filmaufnahme einer Lesung von Wolfgang Herrndorf.

51 Tobias Kniebe, »Und das war dann dieser Sommer«, in: *Süddeutsche Zeitung*, 13. 9. 2016. (www.sueddeutsche.de/kultur/tschick-im-kino-und-das-war-dann-dieser-sommer-1.3159650, Stand: 2. 2. 2018)

# 9. Wort- und Sacherläuterungen

5 ***Welcome to the Dollhouse:*** (*Willkommen im Tollhaus*) Filmkomödie von 1995 über eine Elfjährige, die in der Schule und zu Hause keine Anerkennung bekommt, trotzdem ihren Weg geht und an Selbstbewusstsein gewinnt.

9,16 **Hagecius:** Thaddaeus Hagecius (1525–1600), Arzt und Astronom.

10,15 **sich zum Obst machen:** sich lächerlich machen, blamieren.

10,22 **gen Mekka:** Mekka: Stadt in Saudi-Arabien, Wallfahrtsort des Islam. Dort befindet sich die Kaaba, das Zentralheiligtum der Muslime. Beim Gebet wenden sich gläubige Muslime in Richtung Mekka.

12,21 **Charité:** berühmtes Krankenhaus in Berlin.

13,4 **Valium:** Arzneimittel, das zur Behandlung von Schlaflosigkeit und Angstzuständen eingesetzt wird. Wird es über einen längeren Zeitraum eingenommen, kann es abhängig machen.

13,19 f. **meschugge:** jiddisch für »verrückt«.

13,29 **Attila der Hunnenkönig:** im 5. Jahrhundert Anführer der Hunnen, eines kriegerischen Reitervolks aus Zentralasien, unter seiner Herrschaft im Gebiet des heutigen Ungarns angesiedelt.

13,31 **Hiobsbotschaft:** eine sehr schlechte Nachricht. Der Begriff geht auf das alttestamentliche Buch Hiob zurück. Hiob war ein besonders frommer und gottesfürchtiger Mann, dessen Glaube der Teufel und Gott auf die Probe stellen wollten. Hiob erhielt eine Unglücksnachricht nach der anderen (über den Tod seiner Familie, die Verwüstung seines Landes u. a.), dennoch bewahrte er seinen Glauben an Gott.

15,23 **Megan Fox:** (geb. 1986) amerikanische Schauspielerin und Model.

16,7 **Michael Schumacher:** (geb. 1969) deutscher Rennfahrer, mehrfacher Formel-1-Weltmeister.

19,20 **Tatort:** deutsche Krimiserie in der ARD, die seit 1970 ausgestrahlt wird.

20,12 **Walachei:** Gebiet in Rumänien; ugs. Bezeichnung für einen besonders abgelegenen Ort.

22,15 **GTA IV:** engl. *Grand Theft Auto* ›Kraftfahrzeugdiebstahl‹; Computerspiel, das im April 2008 erschien.

24,23 **Atheisten:** Personen, die die Existenz Gottes (bzw. von Göttern allgemein) verneinen.

24,24 **Protestanten:** Angehörige einer christlichen Konfession, die nach der Reformation im 16. Jahrhundert entstanden ist.

25,3 **World Trade Center:** Welthandelszentrum; Zwillingstürme (engl. *Twin Towers*) in New York. 2001 flogen zwei gekaperte Flugzeuge in die Türme und brachten diese zum Einsturz. Dieser Anschlag war religiös motiviert.

25,13 **Bankrott:** Zahlungsunfähigkeit.

26,18 **Gläubiger:** jemand, der einem Schuldner gegenüber berechtigt ist, finanzielle Forderungen zu stellen.

28,13 **Medenspiele:** Saisonspiele im Tennis; Vereinsmeisterschaft, benannt nach Carl August von der Meden (1841–1911), erster Präsident des Deutschen Tennis Bundes.

28,21 **Brandy Alexander:** cremiger, auf Brandy basierender Cocktail.

30,2 **Dirk Nowitzki:** (geb. 1978) berühmter Basketballspieler.

30,2 **Dunking:** Begriff aus dem Basketball: Der Ball wird im Sprung von oben im Korb versenkt.

30,10 **Alki:** ugs. Alkoholiker.

30,16 **Osiris:** altägyptische Gottheit des Jenseits, der Wiedergeburt und des Nils.

33,10 **Salma Hayek:** (geb. 1966) mexikanisch-amerikanische Schauspielerin.

34,11 **Herbarium:** Sammlung gepresster und getrockneter Pflanzen.

34,16 f. **Habitus:** hier: die äußere Beschaffenheit eines Organismus, z. B. der Wuchs einer Pflanze.

34,26 **Friedrich der Große:** (1712–1786) König von Preußen und Kurfürst von Brandenburg.

37,8 **van Gaal:** Louis van Gaal, niederländischer Fußballspieler, 2009–11 Trainer beim FC Bayern München.

37,16 **Simunic:** Josip »Joe« Šimunić (geb. 1978), kroatischer Fußballspieler.

38,8 **Sermon:** in der urspr. Bedeutung: Predigt, Rede. Abwertend: langatmiges Gerede, Geschwätz, Strafpredigt.

39,21 **Aeroflot:** größte russische Fluggesellschaft.

39,21 f. **Kondor:** einer der größten Vögel der Welt.

48,5 **Müggelsee:** größter See in Berlin.

52,11 **PISA-Test:** (PISA: Programme for International Student Assessment) internationale Untersuchung der schulischen Leistung von Jugendlichen.

53,2 ff. **»Ein Mann, der Herrn K. lange nicht gesehen hatte, [...]«:** Zitat aus *Das Wiedersehen*; Parabel von Bertolt Brecht (1898–1956), die zu den *Geschichten vom Herrn Keuner* gehört.

55,14 **Genfer Konvention:** zwischenstaatliches Abkommen zum Schutz der Bevölkerung im Kriegsfall.

56,1 **Kommunist:** Anhänger des Kommunismus, einer politischen Strömung, deren grundlegende Idee die Abschaffung allen Privateigentums und die Bildung einer Gütergemeinschaft ist.

58,12 **Beyoncé:** Beyoncé Knowles (geb. 1981), US-amerikanische R&B-Sängerin. Bis 2005 war sie Mitglied der Gruppe *Destiny's Child*, seither tritt sie als Solo-Künstlerin auf.

59,15 **Alte Meister:** Mit diesem Begriff werden berühmte Maler der Vergangenheit sowie deren Werke bezeichnet.

79,8 **White Stripes:** von Jack White (geb. 1975) gegründete Band mit Schlagzeugerin Meg White (geb. 1974); Mischung aus Rock, Punk, Indie, Blues und Folk. Beide gaben sich als Geschwister aus, waren aber verheiratet.

79,13 f. **Graf Luckner:** Felix Graf von Luckner (1881–1966), deutscher Seeoffizier im Ersten Weltkrieg und Schriftsteller.

80,26 **Graf Koks:** ugs. für einen Angeber; eingebildeter Mensch, der sich als besonders vornehm ausgibt.

81,1 **Jack und Meg:** s. Anm. zu 79,8.

81,15 **Lada Niva:** Geländewagenmodell des russischen Autoherstellers AvtoVAZ, dessen PKW unter dem Markennamen Lada verkauft werden.

83,12 **strafmündig:** in Deutschland sind Jugendliche ab 14 Jahren selbst für ihr Handeln verantwortlich und müssen auch die strafrechtlichen Konsequenzen tragen. Bis zu diesem Alter haften Aufsichtspflichtige an ihrer Stelle.

84,19 **Mika Häkkinen:** ehemaliger finnischer Formel-1-Pilot.

92,29 f. **Gute Zeiten, schlechte Zeiten:** seit 1992 bei RTL laufende Fernsehserie.

95,21 **Doom:** dt. ›Verhängnis, Verderben‹; Egoshooter (lat. *ego* ›ich‹, engl. *shooter* ›Schütze‹); Computerspiel, bei dem die Spieler ihre Gegner aus der Ich-Perspektive mit Waffen bekämpfen.

97,30 **Pampa:** riesige Grassteppe in Südamerika, am Río de la Plata.

99,4 **Kippe:** Tschick meint die Kippa, die Kopfbedeckung männlicher Juden.

99,6 **Georges Aznavour:** Charles Aznavour (geb. 1924), französischer Chansonsänger.

101,19 **Tennisball:** Tatsächlich kann man Autotüren, die ein altes, durch Druckluft gesteuertes Zentralverriegelungssystem haben, durch einen scharfen Luftstoß aus einem zusammengequetschten Tennisball öffnen; heute funktionieren Zentralverriegelungen aber elektrisch.

104,10 **Angela Merkel:** (geb. 1954) zum Zeitpunkt der Erzählung Bundeskanzlerin der Bundesrepublik Deutschland.

104,17 **Tony Soprano:** einer der Hauptcharaktere der berühmten amerikanischen Mafia-Fernsehserie *Die Sopranos*, die von 1999 bis 2007 ausgestrahlt wurde.

105,30 **Ballade pour Adeline:** 1976 komponiertes Stück, das Richard Claydermans (geb. 1953) Weltkarriere begründete.

107,1 **Kevin-Kurányi-Bart:** Kevin Kurányi (geb. 1982), deutscher Fußballspieler.

108,29 **Kreiselkompass:** Kompass, der parallel zur Rotationsachse der Erde ausgerichtet ist, statt sich am Magnetfeld zu orientieren.

109,10 **Seewolf:** *Der Seewolf*; berühmter Roman von Jack London (1876–1916), der 1904 erschien.

109,11 **Steppenwolf:** Maik und Tschick haben beide recht: *Steppenwolf* ist sowohl ein Buch (ein Roman von Hermann Hesse) als auch eine amerikanisch-kanadische Hardrock-Band der 1960er und 1970er Jahre.

111,20 **Independence Day:** Actionfilm von Roland Emmerich aus dem Jahr 1996 über einen Angriff Außerirdischer auf die Welt. Außerdem in den USA Feiertag am 4. Juli (*Fourth of July*), an dem die Unabhängigkeit der ehem. brit. Kolonien von Großbritannien gefeiert wird (4. Juli 1776).

113,4 **karriolte:** umherfuhr. Karriolen ist ein selten verwendetes Verb, das ugs. so viel bedeutet wie: sinnlos in der Gegend umherfahren.

115,3 f. **die Fünfzehn auf die Dreißig:** Klemme 15 wird bestromt, sobald man den Zündschlüssel herumdreht, Klemme 30 geht (als »Dauerplus«) direkt von der Batterie ab. Hat man keinen Schlüssel, muss man Klemme 15 überbrücken bzw. direkt Strom vom »Dauerplus« ziehen, um den Motor in Gang zu bringen.

120,13 ***Krieg der Welten*:** keine der vielen Verfilmungen des Romans von H. G. Wells, sondern die von 1988 bis 1990 im US-amerikanischen Fernsehen ausgestrahlte Serie *War of the Worlds*, dt. *Krieg der Welten.*

120,15 ***Starship Troopers*:** Spielfilm von 1997 von Paul Verhoeven über einen faschistischen Staat in der Zukunft, der gegen Aliens kämpft.

126,10 **Todesstern:** Der Begriff bezeichnet einerseits eine riesige, zerstörerische Raumstation aus den *Star Wars*-Filmen, andererseits wird er auch als Spitzname für den Saturnmond Mimas verwendet.

129,23 **Risi-Pisi:** (ital. *Risi e bisi*) Reisgericht mit Erbsen, Klassiker der venezianischen Küche.

130,30 **bonfortionös:** außerordentlich, großartig.

131,21 **Merope Gaunt … Slytherins Medaillon:** Details aus Harry-Potter-Romanen.

132,11 **Pizarro:** Francisco Pizarro (ca. 1476–1541), spanischer Eroberer, der im 16. Jahrhundert das Reich der Inka gewaltsam einnahm. Das Schiff, das der Naturforscher Alexander von Humboldt (1769–1859, dt. Naturforscher) auf einer seiner Expeditionen nutzte, trug den Namen »Pizarro«.

145,6 **Hannibal über die Alpen:** Hannibal war ein Feldherr aus Karthago, dessen Überquerung der Alpen (mit einem riesigen Heer, inklusive zahlreicher Pferde und Elefanten) während des Zweiten Punischen Krieges im 3. Jahrhundert vor Christus als brillante Idee und Leistung gilt. Durch diesen Schachzug konnte er in Italien einige wichtige Schlachten für sich entscheiden.

147,4 **Kapitalkraft:** Gemeint ist die Kapillarkraft, also die

Kraft von engen Gefäßwänden, zwischen denen sich Flüssigkeiten hochziehen (wie in einem engen Strohhalm).

147,8 **Prinzip der kommunalen Röhren:** Das physikalische Gesetz, das Maik hier beschreibt, nennt man »Prinzip der kommunizierenden Röhren«: zwei miteinander verbundene, offene Gefäße, in denen Flüssigkeit aufgrund des Druckgleichgewichts gleich hoch steht, unabhängig von Größe und Form; »kommunal« bedeutet eigentlich: »auf das Gemeinwesen bezogen« (z. B. Kommunalpolitiker).

156,15 f. **Cantors Unendlichkeitsdingens:** Georg Cantor (1845–1918), deutscher Mathematiker, der sich der Erforschung des Unendlichen widmete. Er gilt zudem als der Begründer der Mengenlehre.

164,22 **Hitler in seinen besten Tagen:** Der Ausbau der Autobahnen war eines der Projekte Hitlers – auch, um im Kriegsfalle schnell Material an die Front bekommen zu können.

166,5 **Serpentinen:** schlangenförmige Wegführung an steilen Bergen, Straße mit vielen scharfen Kurven.

175,6 f. **Atomkrise:** Die Katastrophe um Fukushima ereignete sich erst im März 2011, die an dieser Stelle geäußerten Gedanken sind also beinahe prophetisch.

182,13 **Tagebau:** Abbau von mineralischen Rohstoffen an der Erdoberfläche.

185,9 f. **Lionel-Messi-Fan:** Lionel Messi (geb. 1987), argentinischer Fußballer, der viermal in Folge, von 2009 bis 2012, Fußballer des Jahres war.

185,10 f. **Cristiano Ronaldo:** (geb. 1985) portugiesischer

Fußballspieler, wechselte 2009 (zur damals höchsten Transfersumme) zu Real Madrid.

185,16 **Alabasterkörper:** Ausdruck für einen schönen Körper. Alabaster ist eine Art Gips, der äußerlich Marmor ähnelt. Figuren und Skulpturen wurden kunstvoll aus Alabaster hergestellt und hatten sehr schöne, oft idealisierte Körper. Auch von Menschen mit einer makellosen, sehr hellen Haut sagt man, sie haben eine Alabasterhaut.

185,19 **Carpe diem:** im Deutschen meist mit »Nutze den Tag« übersetzt. Dieser Ausspruch stammt ursprünglich von dem römischen Dichter Horaz, wurde aber vor allem im Zeitalter des Barock zu einem zentralen Motiv: Angesichts des allgegenwärtigen Todes während des Dreißigjährigen Kriegs (1618–1648) forderten die Menschen einander dazu auf, die Zeit auf Erden zu nutzen und zu genießen.

186,17 **Ernst Röhm:** (1887–1934) deutscher Offizier, Führer der SA, homosexuell, wurde 1934 auf Befehl Hitlers erschossen.

186,22 **Juden Shakespeare:** der englische Dichter und Dramatiker William Shakespeare (1564–1616) war kein Jude, verfasste aber ein berühmtes Stück, *Der Kaufmann von Venedig*, in dem es um einen Juden geht, der auf sein Recht pocht.

186,22 **Ravage:** Marcus Eli Ravage (1884–1965), jüdischer Schriftsteller, der nach Amerika emigrierte.

186,27 f. **Kursker Bogen:** Angriff der deutschen Armee auf den sowjetischen Frontbogen um die russische Stadt Kursk 1943.

187,10 **Eichenlaub:** Ähnlich wie der Lorbeerkranz gilt das Eichenlaub als Symbol der Ehre und der Auszeichnung. Es findet sich auf zahlreichen Orden, Münzen und Denkmälern.

187,14 **MG:** Abkürzung für Maschinengewehr.

187,23 **Tscheka:** politische Polizei der Sowjetunion.

222,13 **Wanderdüne:** Düne, die von Winden getrieben sehr langsam ihren Standort ändert.

223,30 **nicht zwischengespeichert:** keine Sicherungskopie gemacht, hier: sich nicht gemerkt.

225,9 **Radnabe:** Mittelstück des Rades, an dem die Achse befestigt ist.

227,8 **Rasierwasser … Aramis:** relativ teurer Herrenduft.

232,5 f. **Richterin Barbara Salesch:** erfolgreiche halbdokumentarische Gerichtsserie auf Sat.1, von 1999 bis 2012 wurden 2147 Folgen ausgestrahlt.

232,14 **Poncho:** deckenartiger Mantel, in Südamerika übliche Bekleidung.

237,12 **Bismarck:** Otto von Bismarck (1815–1898), deutscher Politiker, von 1871 bis 1890 war er der erste Reichskanzler des Deutschen Reiches.

243,4 f. **Räuberpistole:** haarsträubende, schwer zu glaubende Geschichte.

244,12 f. **der debile Zeichentrickbär:** leicht geistig behinderter Zeichentrickbär. Debilität bezeichnet zwar eine leichte Form einer geistigen Behinderung, vor allem das Adjektiv »debil« wird aber häufig abwertend im Sinne von ›blöd‹ oder ›schwachsinnig‹ verwendet.

251,1 **kieloben:** umgedreht; Begriff aus der Schifffahrt:

Der Kiel ist der Längsverband am Boden eines Schiffes. Sinkt ein Schiff, kann es sich drehen, die Unterseite treibt dann oben. Dies nennt man kieloben.

252,16 **Eskimorolle:** Drehung mit dem Kajak um die Längsachse.

252,29 **d'Artagnan:** französischer Soldat, der zur Zeit des Sonnenkönigs Ludwig XIV. (1638–1715) den Musketieren angehörte. Sein Leben inspirierte den Schriftsteller Alexandre Dumas (1802–1870) zu dem Roman *Die drei Musketiere*, der von d'Artagnan und seinen Gefährten Athos, Porthos und Aramis handelt.

253,2 **Stasi:** Ministerium für Staatssicherheit in der DDR, das die Bevölkerung der DDR überwachen ließ.

253,9 **Vandalismus:** bewusste und mutwillige Zerstörung oder Beschädigung.

# 10. Prüfungsaufgaben mit Lösungshinweisen

## Innerer Monolog

### Aufgabe

Tschick überrascht Maik am ersten Ferientag mit seinem Besuch. Beim Playstationspielen freunden sich die beiden an – zumindest findet Maik das gemeinsame Zocken »besser als schreiend in der Ecke [zu] liegen« (S. 77). Das Gespräch fällt auf Tatjanas Geburtstagsparty, und sie stellen fest, dass sie beide nicht eingeladen sind.

> »›Ist doch eh langweilig‹, sagte ich und fuhr mit dem Tanklaster ein paar Leute um. ›Ja, für Schwule vielleicht. Aber für Leute wie mich, die noch im Saft stehen, ist diese Party ein *must*. Simla ist da. Und Natalie. Und Laura und Corinna und Sarah. […]‹ ›Ah‹, sagte ich und schaute deprimiert auf den Fernseher. Auch Tschick schaute deprimiert auf den Fernseher. ›Lass mich mal an den Hubschrauber‹, sagte er und ich gab ihm den Controller, und dann redeten wir nicht weiter davon« (S. 77 f.).

Versetzen Sie sich in Tschick hinein und verfassen Sie aus seiner Sicht einen inneren Monolog zu dieser Situation. Berücksichtigen Sie dabei, was Maik und Tschick zu diesem Zeitpunkt voneinander wissen und was noch nicht. Gehen Sie in Ihrem Text auch auf die deprimierte Stimmung und Sprachlosigkeit der beiden in dieser Situation ein.

## Lösungshinweise

### 1. Anforderungen an den inneren Monolog allgemein

Der innere Monolog ist eine spezielle Form der Figurenrede, die dem Leser oder Zuschauer Einblicke in die Gedanken und Gefühle des Protagonisten in einer bestimmten Situation gewährt. Verfasst wird der innere Monolog im Präsens und in der ersten Person Singular (Ich-Form).

Ausgangspunkt ist bei der gestalterischen Form des Interpretierens ebenso wie bei der »klassischen« Interpretation eine gründliche Analyse der Textvorlage. Ziel des inneren Monologs ist es, Ängste, Sorgen und Hoffnungen der Figur möglichst authentisch widerzuspiegeln. Wie bei »echten« Gedanken kommt es vor, dass die Figur einzelne Details mehrmals wiederholt oder plötzlich assoziativ zu einem ganz anderen Gedanken springt. Unvollständige, gebrochene Teilsätze sind daher typisch für den inneren Monolog. Durch Punkte oder Gedankenstriche werden solche Stellen im Text kenntlich gemacht. Als direkte Figurenrede wird der innere Monolog nicht durch eine Erzählinstanz strukturiert. Das bedeutet, dass die Gedanken ungefiltert, detailliert und direkt wiedergegeben werden. Die ausgedrückten Gedanken und Gefühle müssen aus dem Text heraus nachvollziehbar sein, auch ist es wichtig, konkrete Textbezüge in den inneren Monolog einzubauen.

Es handelt sich hierbei nicht um eine kreative Schreibmethode, sondern um eine gestalterische Form der Interpretation einer Schlüsselstelle des Referenztextes. Mit ihrer Hilfe lassen sich Leerstellen, die ein Text aufweist, auf der Basis einer genauen Analyse füllen. Bewertungskriterien für gestaltendes Interpretieren sind:

- Gattungsrelevanz (Besonderheiten der Textgattung berücksichtigt?)
- Inhaltsrelevanz (umfassende Textkenntnis erkennbar?)
- Figurenrelevanz (Angemessenheit der Figurenperspektive?)
- Situationsrelevanz (tiefergehendes Textverständnis erkennbar?)
- Sprachrelevanz (Angemessenheit der Figurensprache?)

**2. Inhaltliche Aspekte**

- Unmittelbar vor der zitierten Textstelle: Tschick taucht unangemeldet bei Maik auf. Unterschiedliche Reaktion: »Das war nach meinem Vater jetzt so ungefähr die letzte Person, der ich begegnen wollte. [...] Aber der Ausdruck auf dem Mongolengesicht machte gleich klar, dass das nicht auf Gegenseitigkeit beruhte« (S. 76).
- Tschick lässt sich von Maiks abweisender Art nicht irritieren (vgl. ebd.). Tschicks Beharrlichkeit führt schließlich zu einem ersten Kennenlernen.
- Einbeziehen: Tschicks freudige Überraschung, zufällig am Haus seines Mitschülers vorbeigeradelt zu sein, und das Erstaunen über dessen Wohnverhältnisse.
- Tschick weiß bislang kaum etwas über Maik, gibt aber auch selbst wenig preis (»Wir redeten nur so rum«, S. 77).

- Vermutung Tschicks: Maik ist sitzengeblieben und deshalb so schlechter Laune.
- Unverständnis gegenüber Maiks mieser Stimmung angesichts seiner Verhältnisse: »Das versteh ich nicht. Du hast Ferien, Mann, du fährst wahrscheinlich in Urlaub, du kannst auf diese Party, und du hast ein herrliches – [Zuhause]« (ebd.).
- Tschick erfährt, dass auch Maik nicht zu Tatjanas Party eingeladen ist. Möglicherweise fragt er sich nach den Gründen.
- Auf Grundlage der Kenntnis des gesamten Romans: Einbezug von Tschicks Entgegnung, die Party sei nur für Schwule langweilig (vgl. ebd.); Tschick gibt seine eigene Homosexualität an dieser Stelle natürlich noch nicht zu erkennen, in seinen Gedanken sollte aber darauf Bezug genommen werden.
- Ausleben des Frusts über den Ausschluss von der wichtigsten Party des Jahres (vgl. S. 57) im Playstationspielen zeigt einerseits, wie nah es ihnen beiden geht, andererseits wird deutlich, dass sie sich noch nicht gut genug kennen, um sich dem anderen gegenüber verletzlich zu zeigen und über ihre Gefühle zu reden. Dennoch: Die Erkenntnis, sich in derselben Lage zu befinden, führt letztlich zu einem erneuten Treffen am nächsten Tag (wiederum initiiert von Tschick).

**Zu beachten**

- Alle Beschreibungen und Informationen zu Tschick stammen von Maik (vgl. Erzählverhalten und Erzählform, S. 58), Tschicks wahre Gedanken und Gefühle kennt er nicht. Ein innerer Monolog aus Tschicks Perspektive kann diese Leerstelle exemplarisch füllen.

## Analyse einer Textstelle

### Aufgabe

Analysieren Sie die Begegnung mit Friedemann und seiner Familie (S. 126–134). Ordnen Sie die Textstelle in den Gesamtzusammenhang der Romanhandlung ein und untersuchen Sie, welche exemplarische Bedeutung diese Episode für Maiks Entwicklung auf der Reise hat.

### Lösungshinweise

**1. Anforderungen an die Analyse einer Textstelle allgemein**

Nach der Einleitung, die die wichtigsten Informationen zum Werk enthält (Autor, Titel, Erscheinungsjahr, Gattung, Thema), geht es bei einem solchen Aufgabentyp zunächst darum, das Wesentliche vor und nach der relevanten Textstelle zu erfassen und kurz wiederzugeben. Es gilt, all das anzuführen, was für das Verständnis der Textstelle nötig und wichtig ist. Es geht also nicht darum, den gesamten Inhalt des Werkes zu referieren, sondern der Fokus liegt auf den Handlungssträngen, die in direktem Zusammenhang mit der zu analysierenden Textstelle stehen – ihr vorausgehen und sie somit erst ermöglichen und ihr nachfolgen, also aus ihr resultieren. Die Inhaltsangabe der Textstelle kann in die Einordnung integriert werden oder dieser nachfolgen.

Anschließend wird die zu analysierende Textstelle genau betrachtet. Die einzelnen Figuren werden ebenso untersucht wie ihre Beziehung zueinander. Es kommt darauf an, Beweggründe und Motive für ihr Handeln aufzuspüren und am Text nachzuweisen. Neben dem Inhalt der Textstelle werden auch strukturelle und formale Elemente wie Aufbau, Spannungsbogen, Höhe- und Wendepunkte, Erzähltechnik, zeitliche Gestaltung, Sprache, Satzbau und Stilmittel untersucht. All dies kann linear (der Reihenfolge des Textes folgend) oder aspektgeleitet (am von der Aufgabenstellung geforderten Deutungsschwerpunkt ausgerichtet) erfolgen.

Zum Schluss werden die Ergebnisse nochmals kurz zusammengefasst und in einen größeren Zusammenhang eingeordnet.

## 2. Zu berücksichtigende Aspekte bei dieser konkreten Textstelle

### Hinführung zur Textstelle

- Beginn der Sommerferien, Maik erhält keine Einladung zu Tatjanas Party und verkriecht sich deprimiert zu Hause.
- Eltern lassen ihn alleine.
- Tschick kreuzt unangemeldet bei ihm auf und überredet den zunächst zögernden Maik, sich in einem gestohlenen Lada auf die Reise ins Unbekannte zu machen.
- Episode mit Friedemanns Familie stellt eine der ersten

Begegnungen auf der Reise dar: Auf der Suche nach einem Supermarkt werden sie von der Familie zum Essen eingeladen.

- Bedeutsam an dieser Textstelle: Kontrast zwischen dem harmonischen Familienessen und Maiks und Tschicks je eigener Familiensituation.

**Analyse**

- Irritation durch Friedemanns Verhalten (»Wir kaufen nicht im Supermarkt«, S. 127), Gespräch dreht sich im Kreis.
- Auch von Friedemanns Mutter erhalten Maik und Tschick keine konkrete Auskunft, eine gelingende Kommunikation findet über mehr als zwei Seiten hinweg nicht statt.
- Stattdessen: Einladung zum Mittagessen. »Klingt phantastisch, gnä' Frau« (S. 129), so Tschicks Reaktion, wenig Begeisterung hingegen bei Maik (»Mir war nicht wohl dabei. Es beruhigte mich nur, dass Tschick sich noch einmal schnell mit dem Zeigefinger an die Stirn tippte, als Friedemann nicht guckte«, S. 130).
- Maiks Skepsis spiegelt sich in seiner Beschreibung der Familie. Friedemann: Glotzt die beiden Besucher »mit riesigen Augen an wie ein großer behinderter Frosch« (S. 127) und sitzt trotz eines geschätzten Alters von zwölf Jahren auf einem Fahrrad für Kleinkinder. Wenn er lächelt, sieht man hauptsächlich Zahnfleisch. Mutter: blass, sehr groß, ausgemergelt und dennoch »irgendwie vollfit« (S. 128). Geschwister: Haben ebenfalls Froschaugen (vgl. S. 129), sehen alle gleich aus (vgl. S. 130).

- Das mehrfache Betonen der auffälligen äußerlichen Merkmale unterstreicht die Andersartigkeit und Sonderbarkeit der Familie, die Maik und Tschick empfinden.
- Unterstützung dieses Eindrucks auch durch die Beschreibung des Essens: »Reis mit Pampe. Die Pampe war gelblich, und es schwammen kleine Bröckchen drin und grüne Kräuter« (S. 130).
- Erleben eines Familienessens, das ritualisierten Abläufen folgt (Dank für die Speise, gemeinsamer Beginn, üblicherweise auch ein Tischgebet).
- Kontrast zwischen der wenig appetitlichen Beschreibung des Essens und seines Geschmackes: »superbonfortionös« (S. 131).
- Höhepunkt der Mahlzeit: Nachtisch und besondere Serviermethode (Dessertportionen werden je nach Abschneiden bei verschiedenen Quizfragen verteilt).
- Friedemann und seine Geschwister überbieten sich gegenseitig mit ihrem großen Allgemeinwissen, Maik und Tschick bleibt nur ungläubiges Staunen. Das anfängliche Gefühl der Überlegenheit der beiden Gäste gegenüber dem Jungen mit den Froschaugen beginnt zu schwinden. »Am liebsten würde ich das ja gar nicht erzählen« (S. 131), gibt Maik zu.
- Tschicks Einfallsreichtum: Zum Abschied stellt auch er eine Quizfrage und nutzt so das Allgemeinwissen der Kinder zu seinem Vorteil. Er erfährt ganz unauffällig, wie man eine gewöhnliche Armbanduhr als Kompass nutzen kann.
- »[T]olle spinnerte Leute« (S. 134) resümieren Maik und Tschick nach der Verabschiedung.

- Eindruck der Fremdheit/Andersartigkeit entsteht für Maik und Tschick aus ihrer eigenen Erfahrung der sozialen Verwahrlosung. Beiden ist, trotz aller Unterschiede, ein intaktes Familiengefüge unbekannt. Friedemanns Mutter hingegen ist sehr auf das Wohl ihrer Kinder bedacht, achtet auf gemeinsame Rituale, Werteerziehung (Gastfreundschaft, Hilfsbereitschaft) und Bildung.
- Maik und Tschick präsentiert sich in dieser Bekanntschaft ein alternatives Familienbild.

**Verortung der Textstelle im Romanganzen/ Bedeutung für Maik**

- Verbindung zu Maiks Reflexion über sein Welt- und Menschenbild:

  »Seit ich klein war, hatte mein Vater mir beigebracht, dass die Welt schlecht ist. Die Welt ist schlecht, und der Mensch ist auch schlecht. Trau keinem, geh nicht mit Fremden und so weiter. Das hatten mir meine Eltern erzählt, das hatten mir meine Lehrer erzählt, und das Fernsehen erzählt es auch. [...] Und vielleicht stimmte das ja auch, und der Mensch war zu 99 Prozent schlecht. Aber das Seltsame war, dass Tschick und ich auf unserer Reise fast ausschließlich dem einen Prozent begegneten, das nicht schlecht war« (S. 209).

- Gemeinsame Reise mit Tschick und all ihre Begegnungen und Erlebnisse eröffnen Maik eine neue Sichtweise auf das Leben und die Menschen.
- Maik lernt auch, seinen ersten Eindruck zu revidieren

bzw. nicht vorschnell zu urteilen – auch dafür steht die Begegnung mit Friedemann und seiner Familie exemplarisch.

## Literarische Charakteristik Isa

### Aufgabe

Charakterisieren Sie die Figur der Isa Schmidt.

### Lösungshinweise

#### 1. Anforderungen an eine literarische Charakteristik allgemein

In einer literarischen Charakteristik wird eine Figur eines literarischen Textes genau analysiert, um ihren Charakter und ihre Funktion, ihre Rolle innerhalb der Handlung verstehen, deuten und schlussendlich bewerten zu können.

Man unterscheidet zwischen einer direkten Charakterisierung, die durch Beschreibungen der Figur durch den Erzähler, andere Figuren oder die Figur selbst zustande kommt, und einer indirekten Charakterisierung, die beispielsweise durch das Verhalten, das Handeln oder durch bestimmte Äußerungen der Figur Rückschlüsse auf ihren Charakter zulässt.

In der Regel beginnt man eine Charakterisierung mit den äußeren, den augenscheinlichen Eigenschaften und Merkmalen einer Figur, wie zum Beispiel Geschlecht, Alter, äußeres Erscheinungsbild, Beruf, Hobbies, sozialer Status und Gewohnheiten. Vom Offensichtlichen arbeitet man sich zu den verborgenen Eigenschaften vor: Gefühle, Denkweisen, Einstellungen, Motive, Abneigungen, Sprache, Konfliktverhalten, Beziehung zu anderen Figuren und Entwicklung. Wichtig ist es, die charakterlichen »Graustufen« einer Figur aufzuspüren und nicht bloß ihre positiven und negativen Eigenschaften einander gegenüberzustellen. All diese Punkte werden im Hauptteil einer literarischen Charakteristik entfaltet.

Eine vorangestellte Einleitung informiert über die wesentlichen Aspekte des Werkes: Autor, Titel, Erscheinungsjahr, Gattung, Thema, Stellenwert/Bedeutung der Figur für die Handlung. Abgerundet wird die literarische Charakteristik durch einen Schlussteil, der eine persönliche, begründete Wertung der Figur enthalten sollte. Auch sollte ein Bogen zur Einleitung, v. a. zur Frage nach der Bedeutung der Figur für die Romanhandlung bzw. für andere Figuren geschlagen werden.

Alle Aussagen müssen am Text belegt werden. Die Charakterisierung wird im Präsens verfasst.

### 2. Konkrete inhaltliche Aspekte für die Charakterisierung der Figur Isas

Kapitel 3 enthält wesentliche Informationen über die Figur der Isa. Grundsätzlich kann bei der Bearbeitung dieser Aufgabe darauf zurückgegriffen werden, zusätzlich werden einige zentrale Aspekte nachfolgend aufgeführt. Über Isa ist dennoch vielmehr unbekannt als bekannt. Vieles an ihr bleibt rätselhaft, nicht nur für Maik und Tschick.

**Äußeres**

- Name: Isa Schmidt.
- Vermutlich ebenfalls 14 Jahre alt (nach Maiks Schätzung, vgl. S. 149).
- Ungepflegtes, verwahrlostes Äußeres: »versifftes T-Shirt« (S. 150), strenger Geruch (vgl. S. 156), verlauste Haare (vgl. S. 165).
- Laut Maiks Beschreibung hat sie »schmale Augen, wulstige Lippen und eine platte Nase« (S. 150) und eine »wirklich tolle Figur« (S. 167).
- Ist sportlich, kann schnell laufen: »Normalerweise können Mädchen ja nicht laufen, oder nur so schlenkerig. Aber die konnte laufen« (S. 155), klettern (vgl. S. 150) und werfen (vgl. S. 170).
- Folgt Maik und Tschick auf der Suche nach Nahrung; gemeinsam mit ihrem verwahrlosten Äußeren ein Hinweis auf Armut.

**Inneres**

- Maik und Tschick treffen sie auf einer Müllhalde – was sie dort sucht bzw. gesucht hat, verschweigt sie allerdings.
- Über ihre Herkunft und Vergangenheit gibt sie nichts preis, zumindest nichts, das Maik und Tschick ihr glauben: »[…] alles, was sie erzählte, waren wilde Geschichten« (S. 168).
- Derbe Sprache: flucht viel, beschimpft Maik und Tschick ohne Anlass, vor allem mit Tschick gerät sie aneinander. Auch ihr schriftliches Ausdrucksvermögen lässt zu wünschen übrig bzw. bewegt sich auf einem ba-

salen Niveau, wie der Brief zeigt, den sie Maik am Ende schreibt: »Ich fand es gut mit euch. Ich fands schade, dass wir nicht geküsst haben. Ich fand am besten die Brombeeren« (S. 250).

- Praktisch veranlagt: Hilft den Jungs, das Benzin für den Lada abzuzapfen.
- Kann gut singen, allerdings ohne den englischen Liedtext korrekt aussprechen zu können (vgl. S. 157).
- Möchte später mal eine Quizshow im Fernsehen moderieren, »weil man da gut aussieht und irgendwas mit Worten macht« (S. 156).
- Sehr neugierig; fragt die Jungs aus (vgl. S. 153 f.), redet aber auch selbst sehr viel (vgl. S. 156), ist kommunikativ.
- Freizügig und offenherzig in Bezug auf ihren Körper / auf Sexualität: Zieht sich vor den Jungs aus (vgl. S. 167), sitzt mit freiem Oberkörper vor Maik und lässt sich die Haare schneiden (vgl. S. 169), spricht Maik ohne Hemmungen auf dessen sexuelle Erfahrungen an (»Hast du schon mal gefickt?«, S. 171), bietet ihm im Zuge dessen an, mit ihm zu schlafen (vgl. ebd.), geht dann aber auch auf Maiks Unsicherheit ein und schlägt vor, erst einmal mit küssen anzufangen (vgl. S. 172).
- Entschlossen, tatkräftig und autonom: Sie ergreift ohne zu zögern ihre Chance, mit einem Reisebus zu ihrer Halbschwester nach Prag zu gelangen, und lässt die Jungs von einer Minute auf die andere stehen (vgl. S. 176 f.).
- Wandel in der Wahrnehmung durch Maik und Tschick: Zunächst geht Isa ihnen auf die Nerven, sie wollen sie unbedingt abschütteln und nehmen nur zähneknirschend ihre Hilfe beim Tanken an. Auf der gemein-

samen Weiterfahrt bemerkt Maik jedoch zunehmend, dass Isa durchaus Interessantes zu sagen hat (vgl. S. 165). Tschick braucht ein bisschen länger, bis er bereit ist, sich auf Isa als Reisegefährtin einzulassen, dennoch wird spätestens im Zuge von Tschicks Outing klar, dass er Isa durchaus richtig einzuschätzen weiß: »[…] Isa mochte dich ja auch sofort. Weil sie nämlich nicht so doof ist, wie sie aussieht. Und weil sie ein paar Eigenschaften hat, wenn du weißt, was ich meine. Im Gegensatz zu Tatjana, die eine taube Nuss ist« (S. 213).
- Gegenfigur zu Tatjana Cosic: Durch Isa erkennt Maik, dass es Mädchen gibt, die ihn wahrnehmen und mögen. Für Isa ist er, im Gegensatz zu Tatjana, nicht unsichtbar. Sie stellt für ihn also eine positive Annäherung an das komplizierte Thema Liebe dar.

**Zusatz**

Als vertiefende oder weiterführende Aufgabe kann neben *Tschick* auch das Romanfragment *Bilder deiner großen Liebe* zur Erschließung der Figur der Isa herangezogen werden. Durch den Perspektivwechsel – Isa tritt hier als Ich-Erzählerin auf – lässt sich der reinen Analyse der Figur auf der Grundlage von *Tschick* noch eine weitere Dimension hinzufügen. Zu einigen inhaltlichen Aspekten diesbezüglich siehe Kapitel 5.

# 11. Literaturhinweise / Medienempfehlungen

## Textausgaben

Herrndorf, Wolfgang: Tschick. Reinbek bei Hamburg: Rowohlt Taschenbuch Verlag, [59]2010. – *Nach dieser Ausgabe wird zitiert.*

Herrndorf, Wolfgang: In Plüschgewittern. Reinbek bei Hamburg: Rowohlt Taschenbuch Verlag, [6]2013.

Herrndorf, Wolfgang: Diesseits des Van-Allen-Gürtels. Reinbek bei Hamburg: Rowohlt Taschenbuch Verlag, [7]2014.

Herrndorf, Wolfgang: Die Rosenbaum Doktrin. Reinbek bei Hamburg: Rowohlt Taschenbuch Verlag, 2017.

Herrndorf, Wolfgang: Sand. Reinbek bei Hamburg: Rowohlt Taschenbuch Verlag, [6]2013.

Herrndorf, Wolfgang: Arbeit und Struktur. Berlin: Rowohlt Taschenbuch Verlag, 2015.

Herrndorf, Wolfgang: Bilder deiner großen Liebe. Berlin: Rowohlt Taschenbuch Verlag, 2015.

## Weiterführende Quellen

Herrndorfs Blog: Arbeit und Struktur. Zu finden unter www.wolfgang-herrndorf.de. [Dort findet sich auch ein Outtake aus *Tschick*.]

## Adaptionen

Bühnenfassung: Tschick. Bearbeitet von Robert Koall. Uraufführung am 19. November 2011 in Dresden.

Hörbuch: Tschick. Berlin: Argon-Verlag, 2011. Gelesen von Hanno Koffler.

Film: Tschick. Regie: Fatih Akin, Darsteller: Anand Batbileg, Tristan Göbel, Nicole Mercedes Müller, Deutschland 2016, 93 Min., FSK: ab 12 Jahren.

## Sekundärliteratur zu *Tschick*

Klappert, Annina (Hrsg.): Wolfgang Herrndorf. Weimar: Verlag und Datenbank für Geisteswissenschaften, 2015.

Standke, Jan (Hrsg.): Wolfgang Herrndorf lesen. Beiträge zur Didaktik der deutschsprachigen Gegenwartsliteratur. Trier: WVT Wissenschaftlicher Verlag Trier, 2016.

# 12. Zentrale Begriffe und Definitionen

**Autor:** Der reale Autor (hier: Wolfgang Herrndorf) ist vom fiktiven Erzähler (Maik) zwingend zu unterscheiden. Der Erzähler ist vom Autor erdacht worden, um eine Geschichte zu präsentieren. Natürlich kann der Autor seinen Erzähler dazu nutzen, seine eigene Einstellung zum Erzählten zu vermitteln, davon darf aber nicht per se ausgegangen werden.
➤ S. 88 ff. (Kap. 7)

**Coming-of-Age:** Der Begriff bedeutet übersetzt Erwachsenwerden oder Heranwachsen. Romane oder Filme, die als Coming-of-Age-Geschichte bezeichnet werden, thematisieren die Entwicklung eines meist noch jungen und unerfahrenen ➤ Protagonisten, der sich zum ersten Mal in seinem Leben mit den grundsätzlichen Fragen der menschlichen Existenz konfrontiert sieht.
➤ S. 55

**Erzählform:** Man unterscheidet zwischen dem Ich-Erzähler und dem Er-/Sie-Erzähler. Der Ich-Erzähler gehört der Figurenwelt an und erzählt eine Geschichte, die er selbst erlebt hat. Der Er-/Sie-Erzähler hingegen ist nicht Teil der Figurenwelt, er erzählt eine Geschichte, an der er selbst nicht direkt beteiligt ist. *Tschick* wird von einem Ich-Erzähler erzählt, der Teil der Geschichte ist, sie selbst erlebt hat und aus seiner Sicht davon erzählt.

| | |
|---|---|
| Ich-Erzähler | • gehört der Figurenwelt an<br>• erzählt eine Geschichte, die er selbst erlebt hat |

| Er-/Sie-Erzähler | • ist nicht Teil der Figurenwelt<br>• erzählt eine Geschichte, in die er selbst nicht direkt involviert ist |
|---|---|

➤ S. 58

**Erzählte Zeit:** die Zeitspanne, die ein epischer Text beinhaltet. Gemeint ist also die fiktive Dauer der erzählten Handlung. In *Tschick* erstreckt sich die erzählte Zeit vom Ende der Osterferien bis zu den ersten Schultagen nach den Sommerferien.

➤ S. 60

**Erzählverhalten:** Man unterscheidet zwischen auktorialem, personalem und neutralem Erzählverhalten. Der **auktoriale Erzähler** überblickt das Geschehen, kennt die Gedanken und Gefühle der Figuren. Er nimmt einen allwissenden Standort ein. Er bewertet und kommentiert das Geschehen, leitet den Leser mit Hinweisen, Vorausdeutungen oder Rückblicken.

Beim **personalen Erzählverhalten** übernimmt der Erzähler die Sicht einer der handelnden Figuren. Seine Darstellung ist darauf beschränkt, was diese Figur wissen, sehen, hören oder fühlen kann. Der Leser erlebt das Geschehen scheinbar unmittelbar aus der Sicht dieser Figur. Wird rückblickend erzählt, kann auch der personale Erzähler mehr wissen, als seine Figur es im Moment des Erlebens konnte, er ist dennoch in Bezug auf die anderen Figuren auf die Außensicht beschränkt. In *Tschick* liegt personales Erzählverhalten vor. Maik, der Erzähler, ist Teil des Geschehens und vermittelt dem Leser die Ereignisse aus seiner Sicht.

Der **neutrale Erzähler** hingegen stellt das Geschehen als unbeteiligter Beobachter dar. Er ist distanziert und erzählt objektiv und sachlich, konzentriert sich auf äußerlich wahrnehmbare Vorgänge. Gedanken und Empfindungen von Figuren finden nur Eingang in sein Erzählen, soweit sie äußerlich erkennbar sind. Seine Erzählung ist frei von Wertungen und Einmischungen.

| | |
|---|---|
| Auktoriales Erzählverhalten | • überblickt das gesamte Geschehen (allwissender Erzählerstandort)<br>• kennt die Gedanken und Gefühle der Figuren<br>• greift mit Rückblicken oder Vorausdeutungen in das Geschehen ein und leitet den Leser<br>• wertet und kommentiert |
| Personales Erzählverhalten | • übernimmt die Sicht einer der handelnden Figuren<br>• Darstellung ist beschränkt darauf, was diese Figur wissen, sehen, hören oder fühlen kann<br>• Leser erlebt das Geschehen unmittelbar aus der Sicht dieser Figur |
| Neutrales Erzählverhalten | • unbeteiligter Beobachter<br>• erzählt distanziert und objektiv, keine Wertungen und Einmischungen<br>• konzentriert sich auf äußerlich wahrnehmbare Vorgänge (schildert Gedanken und Empfindungen von Figuren nur, soweit sie für einen außenstehenden Beobachter erkennbar sind) |

➤ S. 36, 58

**Erzählzeit:** die Zeit, die der Leser braucht, um das Werk tatsächlich zu lesen. Ist die erzählte Zeit länger als die ➤ Erzählzeit, spricht man von zeitraffendem Erzählen. Eine Übereinstimmung der beiden Faktoren bezeichnet man als zeitdeckendes Erzählen.
➤ S. 63

**Heldenreise:** archetypisches Grundmuster von Situationsabfolgen, die der Held bzw. ➤ Protagonist einer Erzählung durchlebt. Als Bezug nennt Herrndorf selbst *Die Abenteuer des Huckleberry Finn.*
➤ S. 56 f.

**Intertextualität:** Bezüge, die Texte zueinander aufweisen. So kann in einem Text explizit auf andere Werke verwiesen werden, es können aber auch inhaltliche Übereinstimmungen vorhanden sein.
➤ S. 66 f.

**Motiv:** Allgemein wird darunter ein wiederkehrender inhaltlicher Baustein in der Erzählung verstanden, der ein bestimmtes Thema in die Handlung einbringt. Es gibt verschiedene Arten von Motiven. Das Leitmotiv beispielsweise bezeichnet ein Motiv, das einen besonders starken Einfluss auf den Text hat und sich wie eine Art roter Faden durch die Handlung zieht. Ein typisches, allseits bekanntes Märchenmotiv wäre das der »bösen Stiefmutter«. Das zentrale Motiv in *Tschick* ist die Reise, das Unterwegssein ohne konkretes Ziel, das Sich-treiben-Lassen im Unbekannten, an dessen Ende dann doch etwas gefunden wird: das eigene Selbst. Indem Tschick und Maik fortgegangen sind, sind sie sich selbst viel nähergekommen.
➤ S. 85 ff.

**Protagonist:** Hauptfigur eines literarischen Werkes, Films oder Theaterstückes.

➤ S. 9, 28, 74

**Retrospektive:** Rückblick. Maik nimmt das Ende der Reise vorweg und erzählt dann rückblickend, wie es zu der Ausgangssituation im ersten Kapitel gekommen ist.

➤ S. 58 f.

**Rezipient:** Leser eines Textes, Betrachter eines Kunstwerks, Hörer eines Musikstücks.

➤ S. 55

**Symbol:** ein Zeichen, das auf etwas anderes als sich selbst verweist, also etwas nicht unmittelbar Wahrnehmbares veranschaulicht. In einem Symbol verdichtet sich eine Erfahrung oder ein Erlebnis, es steht stellvertretend für eine Idee. Es gibt Symbole, die mit einer eindeutigen Aussage verknüpft sind (»vierblättriges Kleeblatt« = Glück), oftmals gibt es aber verschiedene Deutungsmöglichkeiten für Symbole, da sie im jeweiligen Kontext zu sehen sind.

➤ S. 85 ff.